一部2階建て構造のボーイング747。550席を超える座席を確保できることから、「ジャンボジェット」の愛称で親しまれており、内外の航空運賃の低減化にも大きく貢献している

バラエティに富む航空運賃

かつて、航空旅行は庶民にとって高嶺の花だった。国内では政策的に航空運賃が据え置かれた結果、1970年代に入ると航空運賃は相対的に低減化が進むことになる。また、1980年代にアメリカに端を発した航空自由化の波はほどなくして世界を覆い、国内の航空運賃体系も各種の規制緩和と歩を一にしてバリエーションが展開されていく。さらに1990年代後半には、運輸省（現・国土交通省）が推進したオープンスカイ政策によって、数多くのLCCが誕生。その結果、大手航空会社を巻き込む航空運賃の価格変動が起こっている。

LCC時代を牽引しているピーチ・アビエーション（通称：ピーチ航空）。コロナ禍が続く昨今も、様々な割引運賃を展開して話題を集めている　写真提供：ピーチ・アビエーション

航空券・搭乗券コレクション

チケットレス化が進む航空券・搭乗券だが、かつては紙による発券が基本だった。ここでは1960～80年代の各社の航空券・搭乗券をご紹介する。（資料提供：筆者）

昭和1960～70年代の日本航空（JAL）の搭乗券（下・右）

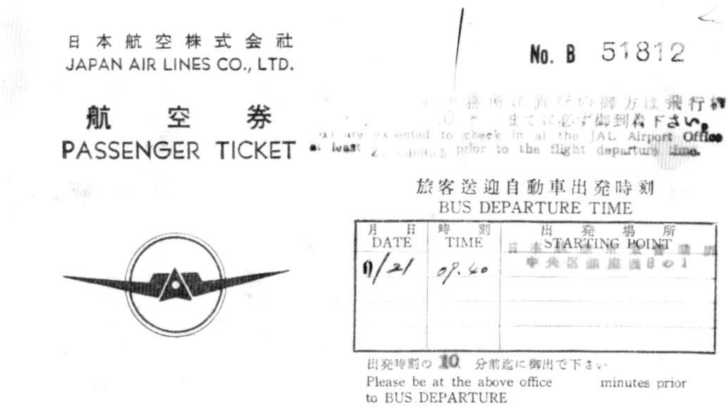

1950年代後半の日本航空（JAL）国内線の航空券の表紙

1980年代の全日空（ANA）の搭乗券

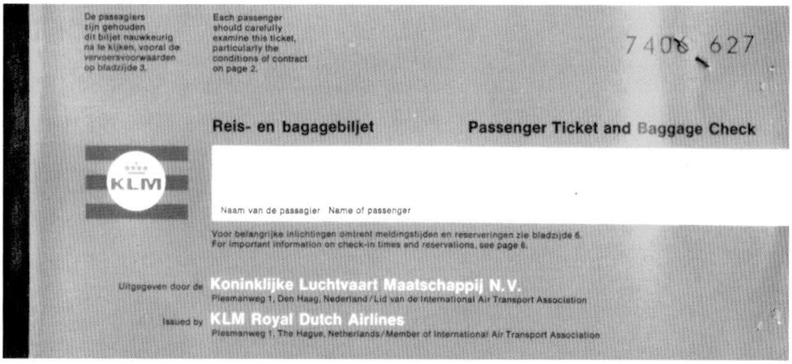

1960年代の国際線の航空券（表紙）。上から順に日本航空（1963年発行）、日本航空（1969年発行）、KLMオランダ航空（1969年発行）、オーストリア航空（1969年発行）。

1964年日本航空国際線運賃表

海外旅行が自由化された1964（昭和39）年。当時、唯一国際航路を有していた日本航空は、国際線の増便を進めていた。当時は輸入航空券も格安航空券も存在しておらず、海外渡航客は正規の運賃を支払う必要があった。当時の国際線運賃表にはドル建てによる運賃が記載されているが、１ドル360円、大卒初任給が2万円程度のこの時代の庶民にとって、海外旅行など夢のまた夢であったことが窺える。（資料提供：筆者）

1092.00	1965.60	655.20	1179.40	London				
91.00	163.80	68.10	122.60	Osaka				
1083.60	1950.50	649.60	1169.30	Paris				
1033.20	1859.80	616.00	1108.80	Rome				
281.20	506.20	198.80	357.90	Singapore				
107.00	192.60	84.00	151.20	Tokyo				
1078.00	1940.40	644.00	1159.20	Zurich				
US Dollars				OSAKA	Yen			
1125.60	2138.70	677.60	1287.50	Amsterdam	405250	770000	243950	463550
313.60	595.90	226.80	431.00	Bangkok	112900	214550	81650	155150
943.60	1792.90	602.00	1143.80	Cairo②	339700	645450	216750	411850
453.60	861.90	330.40	627.80	Calcutta	163300	310300	118950	226050
1125.60	2138.70	677.60	1287.50	Copenhagen Hamburg	405250	770000	243950	463550
385.00	731.50	285.60	542.70	Djakarta	138600	263350	102850	195450
1125.60	2138.70	677.60	1287.50	Dusseldorf Franfurt	405250	770000	243950	463550
		15.90	31.80	Fukuoka			5715	11430
216.60	411.60	155.40	295.30	Hong Kong	78000	148200	55950	106350
540.40	1026.80	380.80	723.60	Karachi	194550	369650	137100	260500
828.80	1574.80	560.00	1054.00	Kuwait②	298400	567000	201600	383050
1125.60	2138.70	677.60	1287.50	London	405250	770000	243950	463550
216.50	411.40	159.90	303.90	Manila	77950	148150	57600	109450
91.00	163.80	68.10	122.60	Okinawa	32800	59050	24500	44100
1125.60	2138.70	677.60	1287.50	Paris	405250	770000	243950	463550
1069.60	2032.30	641.20	1218.30	Rome②	385100	731700	230850	438650
1131.20	2149.30	683.20	1298.10	Rome③	407250	773800	246000	467400
352.80	670.40	249.20	473.50	Singapore	127050	241400	89750	170550
136.30	245.40	98.00	176.40	Taipei	49050	58300	35300	63550
		15.90	31.80	Tokyo			5715	11430
1125.60	2138.70	677.60	1287.50	Zurich	405250	770000	243950	463550

All fares in US Dollars. First class fares in red. Economy class fares in blue. blue.

Between/and		Philadelphia ↙	Philadelphia ↙↗	Pittsburgh ↙	Pittsburgh ↙↗	Rio de Janeiro Sao Paulo ↙	Rio de Janeiro Sao Paulo ↙↗	St. Louis ↙	St. Louis ↙↗	St. Paul Minneapolis ↙	St. Paul Minneapolis ↙↗
BANGKOK	Pacific	1036.60 669.00	1897.20 1228.00	1022.10 663.00	1868.20 1216.00	1556.00 936.00	2821.00 1704.00	990.60 635.00	1805.20 1160.00	996.60 635.00	1871.10 1160.00
	Atlantic	1149.50 693.50	2185.10 1318.70	1166.70 706.80	2219.60 1345.20			1202.70 737.40	2291.60 1406.50	1213.70 744.20	2313.50 1420.00
BOMBAY	Pacific	1206.00 799.20	2195.70 1462.40	1187.90 793.20	2166.70 1450.40	1721.80 1066.20	3119.50 1938.40	1156.40 765.20	2103.70 1394.40	1162.40 765.20	2115.60 1394.40
	Atlantic	987.80 603.70	1877.80 1148.10	1005.00 617.00	1912.30 1174 60			1041.00 647.60	1984.30 1235.90	1052.00 654.40	2006.20 1249.40
CALCUTTA	Pacific	1155.10 753.00	2110.50 1379.20	1140.60 747.00	2081.50 1367.20	1674.50 1020.00	3034.30 1855.20	1109.10 719.00	2018.50 1311.20	1115.10 719.00	2030.40 1311.20
	Atlantic	1043.80 631.30	1984.20 1200.50	1061.00 644.60	2018.70 1227.00			1097.00 675.20	2070.70 1288.30	1108.00 682.00	2112.60 1301.80
DELHI	Pacific	1206.00 786.60	2202.90 1439.70	1187.90 780.60	2166.80 1427.70	1721.80 1053.60	3119.50 1915.70	1156.40 752.60	2103.70 1371.70	1163.30 752.60	2117.40 1371.70
	Atlantic	987.80 603.70	1877.80 1148.10	1005.00 617.00	1912.30 1174.60			1041.00 647.60	1984.30 1235.90	1052.00 654.40	2006.20 1249.40
DJAKARTA	Pacific	1080.20 699.00	1976.40 1282.00	1062.10 693.00	1940.20 1270.00	1596.00 966.00	2893.00 1758.00	1030.60 665.00	1877.20 1214.10	1037.50 665.00	1890.90 1214.00
	Atlantic	1211.10 759.80	2302.10 1444.70	1228.30 773.10	2336.60 1471.20			1264.30 803.70	2409.60 1532.50	1275.30 810.50	2430.50 1546.00
HONG KONG	Pacific	976.60 619.00	1789.20 1138.00	962.10 613.00	1760.20 1126.00	1496.00 886.00	2713.00 1614.00	930.60 585.00	1697.20 1070.00	937.50 585.00	1710.90 1070.00
	Atlantic	1272.00 780.30	2417.80 1483.60	1289.20 793.60	2452.30 1510.10			1325.20 824.20	2524.30 1571.40	1336.20 831.00	2546.20 1584.90
KARACHI	Pacific	1241.00 814.60	2265.20 1490.10	1226.50 808.60	2236.20 1478.10	1760.40 1081.60	3189.00 1966.10	1195.00 780.60	2173.20 1422.10	1201.90 780.60	2186.90 1422.10
	Atlantic	965.40 595.30	1835.30 1132.10	982.60 608.60	1869.80 1158.60			1018.60 639.20	1941.80 1219.90	1029.60 646.00	1963.70 1233.40
MANILA	Pacific	936.60 609.00	1717.20 1120.00	922.10 603.00	1688.20 1108.00	1456.00 875.00	2641.00 1596.00	890.60 575.00	1625.20 1052.00	897.50 575.00	1638.90 1052.00
	Atlantic	1282.70 787.20	2438.20 1496.70	1299.90 800.50	2472.70 1523.20			1335.90 831.10	2544.70 1584.50	1346.90 837.90	2566.60 1598.00
OKINAWA TAIPEI	Pacific	940.20 609.00	1724.40 1120.00	922.10 603.00	1688.20 1108.00	1456.00 876.00	2641.00 1596.00	890.60 575.00	1625.20 1052.00	897.50 575.00	1638.90 1052.00
SAIGON	Pacific	1026.60 664.00	1879.20 1219.00	1012.10 658.00	1850.20 1207.00	1546.00 931.00	2803.00 1695.00	980.60 630.00	1787.20 1151.00	987.50 630.00	1800.90 1151.00
	Atlantic	1157.90 699.10	2201.00 1330.20	1175.10 712.40	2235.50 1355.80			1211.10 743.00	2307.50 1418.00	1222.10 749.80	2329.40 1430.60
SEOUL	Pacific	890.20 574.00	1634.40 1057.00	872.10 568.00	1598.20 1045.00	1406.00 841.00	2551.00 1533.00	840.60 540.00	1535.20 989.00	847.50 540.00	1548.90 989.00
SINGAPORE	Pacific	1040.20 669.00	1904.40 1228.00	1022.10 663.00	1868.20 1216.00	1556.00 936.00	2821.00 1704.00	990.60 635.00	1805.20 1160.00	997.50 635.00	1818.90 1160.00
	Atlantic	1160.70 701.90	2206.40 1334.70	1177.90 715.20	2240.90 1361.20			1213.90 745.80	2312.90 1422.50	1224.90 752.60	2334.80 1436.00
TOKYO	Pacific	860.20 554.00	1580.40 1021.00	842.10 548.00	1544.20 1009.00	1376.00 821.00	2497.00 1497.00	800.60 520.00	1481.20 953.00	817.50 520.00	1493.90 953.00
	Atlantic	1427.70 897.70	2713.70 1706.70	1444.90 921.00	2748.20 1733.20			1480.90 941.60	2820.20 1794.50	1491.90 948.40	2842.10 1808.00

⌗ Atlantic fares are Subject to U.S. domestic jet surcharge when jet service is used in the U.S.

今後の航空界の行方

2020（令和2）年は新型コロナウイルス感染症（COVID-19）の蔓延により、国内外の移動が大幅に制限された1年であった。2021年の10月以降国内では新規感染者は減少しているが航空界の受難は続いている。JALとANAHDの合併も噂されるようになり、国内の航空は激動の時代を迎えている。

日本航空（JAL）が2002年に採用した塗装「太陽のアーク」。JALとJAS（日本エアシステム）の経営統合を機に採用された。筆者は両社の合併は企業文化の違いから、様々な問題をはらんでいたと回想する 写真提供：JA8772

日本航空（JAL）に統合された日本エアシステム（JAS）。地方路線を主体に全国に路線門を有していた国内第三の航空会社の消滅は、国内航空運賃にも大きな影響を与えた。写真は前身の東亜国内航空時代末期のカラーリング　写真提供：JA8772

航空運賃の歴史と現況

HITSTORY AND CURRENT STATUS OF AIRFARES

杉江 弘

Hiroshi Sugie

戎光祥出版

航空運賃の歴史と現況 目次

はじめに

航空運賃はかつて「空の旅が高嶺の花」の時代に海外に行こうとすると給与の何倍、何十倍にもなったものである。しかし、その後ジャンボジェットなどの大型機の導入や「航空自由化」によって割引運賃が導入され、今日では事前に購入すると鉄道運賃よりも安いのが当たり前になってきている。正規運賃で見ても、1950年代から今日までを他の物価と比較してもその上昇率はごくわずかとも言えるだろう。

物価の優等生と呼ばれる卵の値段と同様に、航空運賃も昔からほとんど上がっていないというのが私の印象である。今日、サラリーマンの初任給でも海外旅行、それも欧米の各都市と日本を往復できることになるとは以前では考えられなかったことである。本書はこうした流れを歴史的に捉え、航空運賃が生まれた頃から現代までを記録として残したいとの思いでまとめたものである。今では格差社会の中で庶民には手が届かなくなったファーストクラスの運賃もかつてはリーズナブルな水準であったことも料金表で確認して貰いたい。

そしてこれからも空の旅がより安く、快適なものになるように、各種割引運賃の使い方など実践的な解説も加えてみた。

2020（令和2）年に発生したコロナ禍によって、内外の航空事業者は大打撃を受けている。今後、航空運賃についても需要に応じた改定が実施されていく可能性もありそうだ。今後の国内航空がどうように変化していくのか、筆者の考えを第9章にてまとめている。

本書が、空の旅がより身近なものになるための参考となれば幸いである。

1970年代の日本航空の時刻表　写真提供：筆者

1章

空の旅が高嶺の花の時代

1 国内線運賃の誕生

日本の民間航空事業は戦前の1930年代に始まったが、運賃は、例えば東京と大阪間で25円というように、現在の物価からみてあまりピンとこないことや、乗客も軍人や一部の特別な人に限られていたので、本書では戦後再び民間航空がスタートした時点から歴史をたどり、航空運賃の変遷について解説することとしたい。戦前の民間航空の概略については、章末の「コラム」を参照していただきたい。

日本の民間航空事業が今日と同じような形で始まったのは1953（昭和28）年10月。半官半民の形で日本航空が設立されて、ノースウェスト航空の機材とパイロットによって再び日の丸の翼が空を飛んだ時である。終戦後も、それまでは日本がポツダム宣言を受託し軍の武装解除と一切の航空機産業と運航が禁止されていたのである。栄えある第1便はその年の10月25日、東京から大阪に向けてダグラスDC-4によって運航された。しかしながら機材や運航は前述の通り全て米国の会社が担当するという形でのスタートとなった。

日本航空（にほんこうくう）はノースウェスト航空との間に、マーチン202を2機、ダグラスDC-4を4機で1年間のチャーター契約を結び、マーチン202で東京－大阪間を毎日1往復、東京－大阪－福岡間1往復、東京－札幌間1往復、ダグラスDC-4で東京－大阪2往復のダイヤでの運航であった。その時の航空運賃は東京－大阪間が6,000円（通行税20%を含む）、これは鉄道の1等料金プラス急行寝台料金、プラス食事代とほぼ同額で、同伴の妻は3割引とされていた。国内線の航空運賃は今でもそうであるが、それぞれの国で独自で決められる。国際線はIATA（国際航空運送協会（こくさいこうくううんそうきょうかい））や2国間で決められているが、これは後述する。

日本の場合、航空法（こうくうほう）第105条の②で「能率的な経営の下における当該事業の適正な経費に適正な利潤を含めたものの範囲を超えることとならないこと」と、国として単一な価値体系の中の政策によって基準が決められている。航空会社はこれに照らして運賃を運輸大臣（現・国土交通大臣）に申請し、一定の手続きを経て認可されればこれを実施することになっていた（現在は認可制ではなく届出制に変わっている）。

さて、このようにして運航を開始したさきがけの日本航空、機材とパイロットはノースウェスト航空から借りていたが、やがて戦前の大日本航空や戦闘機乗りの日本人パイロットたちが戻ってきて副操縦士として

資料 DC6B導入

日本航空は国際線の新しい機材としてダグラスDC-7Cを導入、これによってそれまで国際線の主力機としてハワイ、アメリカ、沖縄、台北（たいぺい）、香港（ほんこん）、バンコク、シンガポールなどの路線に就航してきたダグラスDC-6Bを、1961（昭和36）年3月21日から東京／大阪／福岡線に導入、次いで東京／札幌、大阪／札幌線などのルートに導入した。

これはその当時の機内パンフレット。乗客に「いま、皆さんが乗っているのは国際線専用の主力機だったデラックス旅客機ですよ！」と知らせるために配られたもの。1962（昭和37）年に印刷されたもので、カバー写真には、当時として珍しかった日本人機長が乗客にサービスする姿が使用されている。

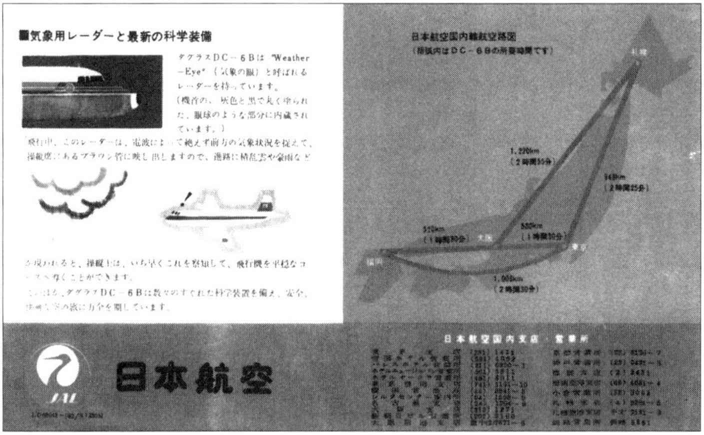

乗務、客室乗務員はエアガール（別名スチュワーデス、現在はCA＝キャビン・アテンダントに）と呼ばれ日本人がサービスを行っていた。当時は東京から大阪への便は1時間55分のダイヤで、卵とハムのサンドイッチと紅茶が提供されていた。日本中がまだ食糧難にあえいでいた時代としては極めてモダンな食事であったが、これはパレスホテルの前身であった国営の「ホテルテート」から自転車で運ばれたものを、エアガールが銀座の東京営業所からバスの中でも手に提げて飛行機の中へ運ぶという作業であった。以下はエアガール（スチュワーデス）1期生の募

集広告が当時の新聞に掲載されたものである。

この事業に600人が応募、2次、3次試験をパスした25人が初のエアガールとなったのだが、給料は固定給3万円プラス乗務手当という、当時としてはなかなか高給であった。

（上）初めて客室が与圧された旅客機のダグラスDC-4
（右）日本航空エアガール一期生の募集広告

エアガール募集
資格　20—30歳身長一、五八米以上体重四五瓩—五二、五瓩迄
容姿端麗新制高校卒業以上英会話可能東京在住の方
採用人員　12名履歴書写真上半身全身各一身長体重記載同封郵送
締切　八月二日(当社到着の事)面会日を通知する
東京都中央区銀座西八丁目一番地
電話銀座（五七）〇一〇三—四・〇八四五・四二三一・六三六一
日本航空株式会社創立事務所

時代は敗戦後のインフレーションがまだ尾をひいており、庶民は苦しい生活を強いられていた。当時の物価や所得水準からすれば航空運賃はかなり高価で、やはり高嶺の花であった。乗客は一流企業の社長たちや進駐軍関係者に加え、商人やブローカー、高級バーやクラブのママ、料理屋の女将らが多く、東京、京都、大阪、博多などにそれぞれに店を持って、通勤に使う女将もいたようだ。

戦後初めての民間航空産業は日本航空の国内線からスタートしたと述べたが、その最初の運賃は、東京－大阪間が6,000円、大阪－福岡間が5,520円、東京－札幌間が12,000円であった。後にも述べるが、この運賃は相当期間据え置かれ、区間によっては少しではあるが値下げになったことさえある。年々すごい勢いで物価が上昇していった時代にあって、航空運賃はかなり頑張っていたという印象だ。そのあたりを鉄道運賃や一部の食品、それに大卒初任給などと比較してみたい。

2 鉄道運賃との比較（1960年代と現在）

次に1962（昭和37）年の時刻表を使って比較してみたい。

まず東京－大阪間で見ると日本航空、全日空ともに6,000円、一方鉄道では東京－大阪間556.4kmの2等の運賃が1,180円、特急料金が800円、合計で1,980円、1等となると運賃が2,170円、特急料金1,760円、合計3,930円。

次に東京－札幌間で見ると航空は11,200円。一方鉄道では、上野－青森間736.8kmと青森－札幌間286.3km 合計1023.11kmを2等の運賃が1,810円 、特急料金1,100円、合計2,910円、1等となると運賃が3,320円、特急料金2,420円、合計5,740円。

これをまとめると、東京－大阪間では航空は鉄道2等の約3倍、1等なら約1.5倍。東京－札幌では、航空は鉄道2等の約4倍、1等で約2倍となる。これをどう見たらよいか、私は、航空運賃は鉄道運賃と比べ決して高額だとは思えないのである。東京－札幌間では少々差が大きく見えるが、鉄道では特急でも20数時間かかることを考えるといかがであろうか。

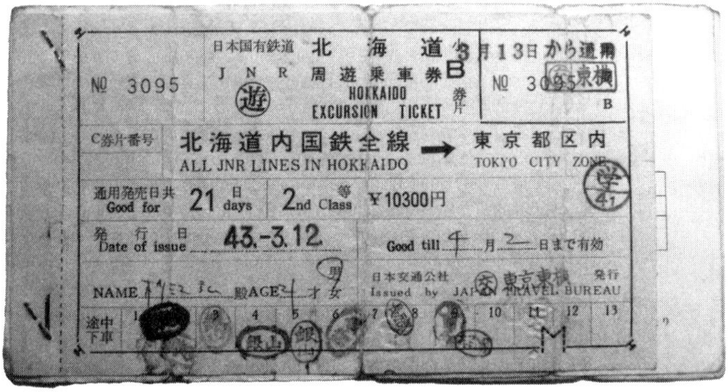

かつて、国鉄では長期旅行者向けの企画乗車券として各種の「周遊券」を発売していた。昭和50年代まで、国鉄は夜行列車を多数設定しており、周遊券の利用者たちは夜行列車を宿代わりに長期の旅行を楽しんでいた。昭和30～40年代、若者が気軽に航空旅行を楽しむことなど夢のまた夢だったのだ

日本航空・全日本空輸・藤田航空・北日本航空（国内航空各路線とも所定の集合時刻がありますからご注意ください。）

37.11. 1 改正　日本航空　太字便は特別運賃下欄参照

		606	510	612	516	518	運賃	寄港地	501	507	509	511	513			
…	…	1005	1305	1420	1705	1955	円	発札 幌着	925	1225	1340	1625	1855	…	…	…
…	…	1220	1520	1535	1920	2150	11,200	着東 京発	710	1010	1235	1410	1640	…	…	…

運賃	寄港地	331	333	301	391		103	303	105	109	307	115	117	119	311	123	127
円	東 京発	030	150	700	750	月の	800	810	900	1000	1100	1200	1300	1400	1500	1600	1700
6,000	大 阪着	225	‖	835	905	火み	935	‖	1035	1135	1235	1335	1435	1635	1655	1735	1835
	大 阪発	240	‖	850	920	金運	…	‖	…	…	1250	…	…	…	1650	…	…
12,000	福 岡着	440	510	1025	1055	土航	…	935	…	…	1425	…	…	…	1825	…	…

寄港地	129	315	317	137	139	143		運賃	寄港地	332	334	102	106	302	110
東 京発	1800	1810	1900	2000	2100	2200	…	円	福 岡発	001	130	…	…	720	…
大 阪着	1935	‖	2035	2135	2235	2335	…	6,000	大 阪着	155	‖	…	…	850	…
大 阪発	…	‖	2050	…	…	…	…		大 阪発	210	‖	650	800	905	1005
福 岡着	…	1935	2225	…	…	…	…	12,000	東 京着	355	440	820	930	1035	1135

寄港地	308	112	114	306	122	124	126	312	132	134	138	392		316	318	146	
福 岡発	1020	…	…	1120	…	…	…	1520	…	…	…	1845	月の	1920	2020	…	…
大 阪着	‖	…	…	1250	…	…	…	1650	…	…	…	2015	火み	2050	‖	…	…
大 阪発	‖	1105	1205	1305	1405	1505	1605	1705	1805	1905	2005	2030	金運	2105	‖	2005	…
東 京着	1155	1235	1335	1435	1535	1635	1735	1835	1935	2035	2135	2200	土航	2235	2135	2335	…

㊐札幌一東京　522.551（オーロラ）　割引運賃 9,100円
㊐東京一大阪一福岡　331.333 332.334（ムーンライト）　割引運賃　東京一大阪 4,200円　東京一福岡 8,400円
㊐札幌一東京一福岡　508.512.505.509.315.318特別席2,900円　普通席1,000円がいります

37.11. 1 改正　全日本空輸　◇印便は運賃欄太字参照

	832	806	52	56	802	62	804	寄港地	801	831	51	805	55	803	61	
…	…	（土曜日運月航）	1130	1330	1540	1730	…	発札 幌着	1305	…	1055	土曜日運月航	1255	—	1655	…
…	…		‖	‖	◇	‖	1700	〃函 館発	◇	…	‖		‖	1630	‖	…
…	…		‖	‖	1530	‖	‖	〃三 沢〃	1145	—	‖		‖	‖	‖	…
…	1030		‖	‖	‖	‖	‖	〃秋 田〃	‖	945	‖		‖	‖	‖	…
…	‖	1200	‖	‖	1725	‖	1845	〃仙 台〃	955	‖	‖	1030	‖	1510	‖	…
…	1155	1325	1330	1530	1850	1950	1940	着東 京発	800	820	900	1000	1100	1350	1500	…

寄港地	11	721	701	15	17	19	21	23	25	27	707	29	31	709	37	711	39
東 京発	700	…	720	810	910	1040	1200	1250	1340	1440	1450	1610	1710	1850	1910	2020	2040
名古屋〃	‖	740	810	‖	‖	‖	‖	‖	‖	‖	1600	‖	‖	1920	‖	2110	‖
大 阪着	815	835	—	925	1025	1155	1315	1355	1455	1555	—	1725	1825	—	2025	—	2155

寄港地	12	702	14	704	16	18	20	731	28	710	30	32	34	712	722	36	40
大 阪発	700	…	740	…	910	1010	1110	1350	1540	…	1640	1810	1910	…	1950	2010	2110
名古屋〃	‖	730	‖	910	‖	‖	‖	1450	‖	1650	‖	‖	‖	2000	2040	‖	‖
東 京着	810	820	850	1000	1020	1120	1220	—	1650	1755	1750	1920	2020	2050	—	2135	2230

上表の他　33 東京発1810 大阪着1950　22.26 大阪発1240.1440 東京着1350.1550

111	231	211	121	201	215	101	213	寄港地	112	232	212	122	202	216	102	214
…	840	900	…	1420	1430	…	1520	発大 阪着	—	1350	1415	—	1710	1830	—	2025
840	‖	‖	1240	‖	‖	1630	（水曜	〃福 岡着	1130	‖	（水曜	1425	‖	‖	1845	‖
‖	‖	‖	‖	1530	‖	‖	・休	〃大 分発	‖	‖	・休	‖	1600	‖	‖	‖
‖	1035	‖	‖	—	‖	‖	土航）	〃熊 本〃	‖	1220	土航）	‖	…	‖	‖	‖
‖	1100	‖	1520	…	‖	‖		〃大 村〃	‖	1130		1350	…	‖	‖	‖
955	—	1055	—	…	‖	‖	1715	〃宮 崎〃	1020	…	1250	…	…	‖	‖	1900
	…	1120	…	…	1620	1640	1740	着鹿児島発	…	…	1200	…	…	1650	1740	1810

		運賃	寄港地			東京——八丈島 ㊎（水・金のみ運航）		運賃	寄港地	
850	1550	円	発大 阪着	1210	1850		1000	円	発東 京着	1300
1020	1700	5,300	着小 倉発	1050	1730		1120	4,800	着八丈島発	1150

運賃（円）

	三沢	仙台	東京
仙台			3,700
三沢		3,700	6,800
秋田	—	—	5,800
函館	—	5,200	8,200
札幌	3,800	6,900	11,200
◇	—	—	9,300

	名古屋	東京
名古屋		3,800
大阪	1,900	6,000

	宮崎	大阪
宮崎		6,700
鹿児島	1,450	8,100

	熊本	大阪
大分		5,600
熊本		6,700
大村	1,450	7,200

	福岡
大村	1,450
宮崎	5,700
鹿児島	3,700

37. 7.10 現在　東京——大島　東京——八丈島 ㊎（藤田航空）

11	21	15	25	運賃	寄港地	22	12	16	26
930	1000	1400	1530	円	発東 京着	1140	1230	1700	1710
‖	1040	‖	1610	2,300	着大 島発	1100	‖	‖	1630
1050	—	1520	—	4,600	着八 丈島発	—	1110	1540	…

37.10. 1 改正　札幌——函館——秋田（北日本航空）

		運賃	寄港地		
…	810	円	発札 幌着	1250	函館—秋田（2,600円）
…	920	2,400	〃函 館発	1210	
…	1010	4,600	着秋 田発	1050	

1962年当時の国内線（航空）の時刻表

次に15年後の1979（昭和54）年でも比較してみよう。東京－大阪間では、航空10,400円（1975[昭和50]年に新設のジェット料金600円込）、鉄道13500円、東京－札幌間は航空18,800円(ジェット料金600円込)、鉄道22050円。

参考までに現在の両者の比較である。(但し航空は正規料金)

■東京－大阪間
　航空25,200円（ピーク期27,600円）
　往復運賃で片道22,900円（ピーク期24,000円）。
　鉄道14,720円（新幹線指定席利用）
■東京－札幌間
　航空37,500円（ピーク期39,900円）
　往復運賃で片道34,500円（ピーク期35,900円）。
　鉄道27,760円（新幹線指定席利用）

現在、航空には各種の割引運賃があるのはご存知の通りであるが、鉄道では航空のような大きな割引運賃が設定されていないことを考慮すると、もはや航空運賃の方が安いといってもよいだろう。この現象は米国でも同じで、特に15社前後の航空会社が競争にしのぎを削るニューヨークとシカゴ間の航空運賃は鉄道1等運賃の半額程度である。

当時最速の特急「つばめ」東海道本線 山崎―神足間　　撮影 小寺康正

次頁へつづく

鉄道対キロ普通旅客運賃表（その1）

（1等は通行税1割を含みます。）

キロ程	運賃 2等	運賃 1等	キロ程	運賃 2等	運賃 1等	キロ程	運賃 2等	運賃 1等	キロ程	運賃 2等	運賃 1等
キロ	円	円	キロ	円	円	キロ	円	円	キロ	円	円
1— 3	10	20	241—243	670	1,230	667— 674	1.330	2,440	1,156—1,162	1.990	3,650
4— 7	20	40	244—247	680	1,250	675— 681	1.340	2,460	1,163—1,170	2.000	3,670
8— 10	30	60	248—250	690	1,270	682— 688	1.350	2,480	1,171—1,177	2.010	3,690
11— 14	40	80	251—254	700	1,290	689— 696	1.360	2,500	1,178—1,185	2.020	3,710
15— 18	50	100	255—258	710	1,310	697— 703	1.370	2,520	1,186—1,192	2.030	3,730
19— 21	60	110	259—261	720	1,320	704— 711	1.380	2,530	1,193—1,200	2.040	3,740
22— 25	70	130	262—265	730	1,340	712— 718	1.390	2,550	1,201—1,207	2.050	3,760
26— 29	80	150	266—269	740	1,360	719— 725	1.400	2,570	1,208—1,214	2.060	3,780
30— 32	90	170	270—272	750	1,380	726— 733	1.410	2,590	1,215—1,222	2.070	3,800
33— 36	100	190	273—276	760	1,400	734— 740	1.420	2,610	1,223—1,229	2.080	3,820
37— 40	110	210	277—280	770	1,420	741— 748	1.430	2,630	1,230—1,237	2.090	3,840
41— 43	120	220	281—283	780	1,430	749— 755	1.440	2,640	1,238—1,244	2.100	3,850
44— 47	130	240	284—287	790	1,450	756— 762	1.450	2,660	1,245—1,251	2.110	3,870
48— 50	140	260	288—290	800	1,470	763— 770	1.460	2,680	1,252—1,259	2.120	3,890
51— 54	150	280	291—294	810	1,490	771— 777	1.470	2,700	1,260—1,266	2.130	3,910
55— 58	160	300	295—298	820	1,510	778— 785	1.480	2,720	1,267—1,274	2.140	3,930
59— 61	170	320	299—303	830	1,530	786— 792	1.490	2,740	1,275—1,281	2.150	3,950
62— 65	180	330	304—311	840	1,540	793— 800	1.500	2,750	1,282—1,288	2.160	3,960
66— 69	190	350	312—318	850	1,560	801— 807	1.510	2,770	1,289—1,296	2.170	3,980
70— 72	200	370	319—325	860	1,580	808— 814	1.520	2,790	1,297—1,303	2.180	4,000
73— 76	210	390	326—333	870	1,600	815— 822	1.530	2,810	1,304—1,311	2.190	4,020
77— 80	220	410	334—340	880	1,620	823— 829	1.540	2,830	1,312—1,318	2.200	4,040
81— 83	230	430	341—348	890	1,640	830— 837	1.550	2,850	1,319—1,325	2.210	4,060
84— 87	240	440	349—355	900	1,650	838— 844	1.560	2,860	1,326—1,333	2.220	4,070
88— 90	250	460	356—362	910	1,670	845— 851	1.570	2,880	1,334—1,340	2.230	4,090
91— 94	260	480	363—370	920	1,690	852— 859	1.580	2,900	1,341—1,348	2.240	4,110
95— 98	270	500	371—377	930	1,710	860— 866	1.590	2,920	1,349—1,355	2.250	4,130
99—101	280	520	378—385	940	1,730	867— 874	1.600	2,940	1,356—1,362	2.260	4,150
102—105	290	540	386—392	950	1,750	875— 881	1.610	2,960	1,363—1,370	2.270	4,170
106—109	300	550	393—400	960	1,760	882— 888	1.620	2,970	1,371—1,377	2.280	4,180
110—112	310	570	401—407	970	1,780	889— 896	1.630	2,990	1,378—1,385	2.290	4,200
113—116	320	590	408—414	980	1,800	897— 903	1.640	3,010	1,386—1,392	2.300	4,220
117—120	330	610	415—422	990	1,820	904— 911	1.650	3,030	1,393—1,400	2.310	4,240
121—123	340	630	423—429	1.000	1,840	912— 918	1.660	3,050	1,401—1,407	2.320	4,260
124—127	350	650	430—437	1.010	1,860	919— 925	1.670	3,070	1,408—1,414	2.330	4,270
128—130	360	660	438—444	1.020	1,870	926— 933	1.680	3,080	1,415—1,422	2.340	4,290
131—134	370	680	445—451	1.030	1,890	934— 940	1.690	3,100	1,423—1,429	2.350	4,310
135—138	380	700	452—459	1.040	1,910	941— 948	1.700	3,120	1,430—1,437	2.360	4,330
139—141	390	720	460—466	1.050	1,930	949— 955	1.710	3,140	1,438—1,444	2.370	4,350
142—145	400	740	467—474	1.060	1,950	956— 962	1.720	3,160	1,445—1,451	2.380	4,370
146—149	410	760	475—481	1.070	1,970	963— 970	1.730	3,180	1,452—1,459	2.390	4,390
150—152	420	770	482—488	1.080	1,980	971— 977	1.740	3,190	1,460—1,466	2.400	4,400
153—156	430	790	489—496	1.090	2,000	978— 985	1.750	3,210	1,467—1,474	2.410	4,420
157—160	440	810	497—503	1.100	2,020	986— 992	1.760	3,230	1,475—1,481	2.420	4,440
161—163	450	830	504—511	1.110	2,040	993—1,000	1.770	3,250	1,482—1,488	2.430	4,460
164—167	460	850	512—518	1.120	2,060	1,001—1,007	1.780	3,270	1,489—1,496	2.440	4,480
168—170	470	870	519—525	1.130	2,080	1,008—1,014	1.790	3,290	1,497—1,503	2.450	4,490
171—174	480	880	526—533	1.140	2,090	1,015—1,022	1.800	3,300	1,504—1,511	2.460	4,510
175—178	490	900	534—540	1.150	2,110	1,023—1,029	1.810	3,320	1,512—1,518	2.470	4,530
179—181	500	920	541—548	1.160	2,130	1,030—1,037	1.820	3,340	1,519—1,525	2.480	4,550
182—185	510	940	549—555	1.170	2,150	1,038—1,044	1.830	3,360	1,526—1,533	2.490	4,570
186—189	520	960	556—562	1.180	2,170	1,045—1,051	1.840	3,380	1,534—1,540	2.500	4,590
190—192	530	980	563—570	1.190	2,190	1,052—1,059	1.850	3,400	1,541—1,548	2.510	4,600
193—196	540	990	571—577	1.200	2,200	1,060—1,066	1.860	3,410	1,549—1,555	2.520	4,620
197—200	550	1,010	578—585	1.210	2,220	1,067—1,074	1.870	3,430	1,556—1,562	2.530	4,640
201—203	560	1,030	586—592	1.220	2,240	1,075—1,081	1.880	3,450	1,563—1,570	2.540	4,660
204—207	570	1,050	593—600	1.230	2,260	1,082—1,088	1.890	3,470	1,571—1,577	2.550	4,680
208—210	580	1,070	601—607	1.240	2,280	1,089—1,096	1.900	3,490	1,578—1,585	2.560	4,700
211—214	590	1,090	608—614	1.250	2,300	1,097—1,103	1.910	3,510	1,586—1,592	2.570	4,710
215—218	600	1,100	615—622	1.260	2,310	1,104—1,111	1.920	3,520	1,593—1,600	2.580	4,730
219—221	610	1,120	623—629	1.270	2,330	1,112—1,118	1.930	3,540	1,601—1,607	2.590	4,750
222—225	620	1,140	630—637	1.280	2,350	1,119—1,125	1.940	3,560	1,608—1,614	2.600	4,770
226—229	630	1,160	638—644	1.290	2,370	1,126—1,133	1.950	3,580	1,615—1,622	2.610	4,790
230—232	640	1,180	645—651	1.300	2,390	1,134—1,140	1.960	3,600	1,623—1,629	2.620	4,810
233—236	650	1,200	652—659	1.310	2,410	1,141—1,148	1.970	3,620	1,630—1,637	2.630	4,820
237—240	660	1,210	660—666	1.320	2,420	1,149—1,155	1.980	3,630	1,638—1,644	2.640	4,840

鉄道対キロ普通旅客運賃表（2等・1等）

1962（昭和37）年当時の国鉄の「鉄道対キロ普通旅客運賃表」。この時代は1等・2等の運賃は別体系で、1等運賃には通行税が含まれていた　資料提供：筆者

3 大卒初任給との比較（1960年代と現代）

調査が始まった1968（昭和43）年の大卒初任給は30,600円、筆者が大学を卒業した1969年4月の大手鉄鋼会社の初任給は約31,000円と記憶している。ちなみに同年4月にJALに入社したものであるが、事務系地上職員は約30,000円、客室乗務員のパーサー（当時は男性のみ従事）が約80,000円、パイロットが訓練生から実用機に昇格して実際にフライトできるようになったら約15万円であった。

大手の会社の初任給が約30,000円として東京―大阪間の6,000円（往復12,000円）は果たして高いのかそうでないのかは議論の分かれるところであるが、鉄道運賃との比較を参考にすれば、長距離の旅行自体に費用がかかる時代であったことは明らかである。つまり航空だけではなく鉄道での移動にもそれなりに費用がかかり、大手初任給の額からも庶民がそう何度も旅行に行ける時代ではなかったのだ。今から振り返ってみると、この当時の国内の航空運賃が高すぎるとは言い切れないのではないかというのが率直な感想である。

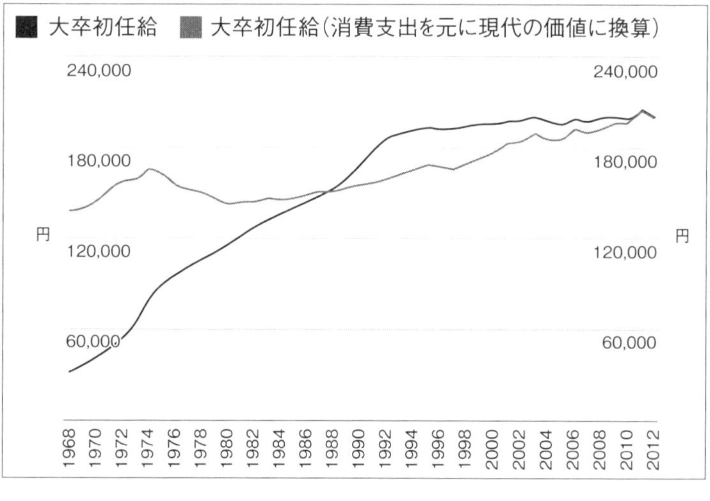

4 物価にスライドしなかった国内線運賃

高度成長期に入り物価の高騰が激しかった日本の社会にあって、国内線運賃の上昇スピードは極めて遅いものだと言ってよいだろう。参考までに国内線運賃と同様に物価にスライドして価格が上昇しなかったものに卵とバナナが挙げられる。

表を見て頂けると分かるが、卵は10個入り１パックが1962（昭和37）年当時約100円であったものが現在でも200円前後、バナナに至っては、昔は病人にならなければ食べさせてもらえなかったような高級品であったが、その価格の推移は表の通りである。

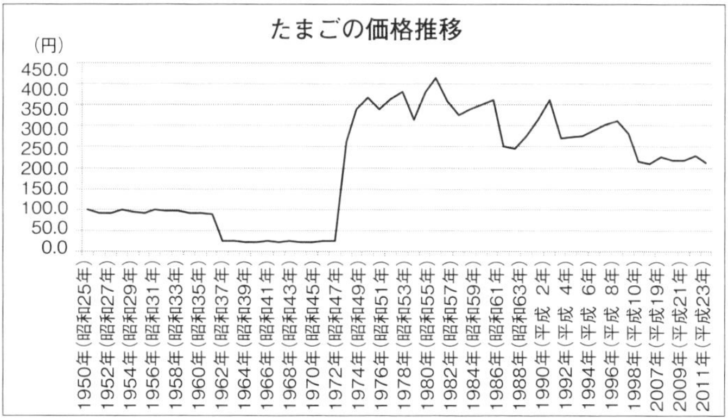

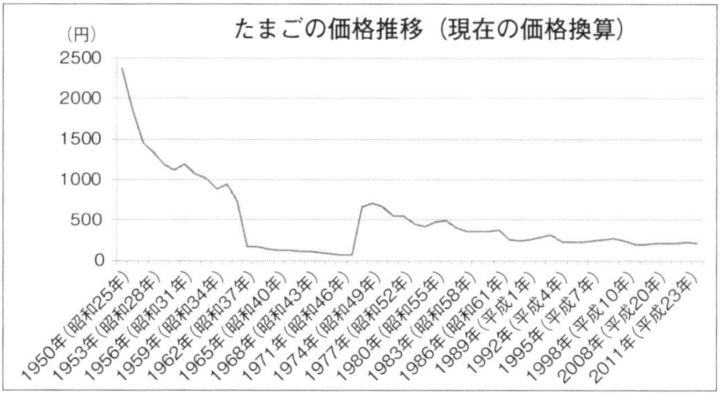

バナナが最初に輸入されたのは生産地の台湾が日本の統治下にあった1903（明治36）年頃で高級品であった。そのため病気見舞いなどによく使われていたほどであった。戦後は1949（昭和24）年に輸入が再開され、1963（昭和38）年に輸入が自由化してからの小売価格は1965（昭和40）年の1kg当たり264円をピークにズルズルと下がり始め、台湾から始まったバナナの輸入はその後一時90%以上がフィリピンからとなる。現在は中南米産なども加わってバラエティーが多くなったこともあり供給が安定し、1パック（個数にもよるが）250円を超えるのは珍しいほどである。

卵とバナナと国内線運賃、この3つの価格は不思議なほど物価上昇の影響を受けていない。需要と供給がうまく噛み合った結果だろうが、航空運賃が安定的に推移したことが、我が国の発展に大きく寄与したのは間違いない。

国内運賃が高度成長期に物価の上昇に比べて据え置きと言ってよい水準で推移した理由には、新幹線との競合という背景があったからである。それは新幹線開業以来、今日まで50年以上経ってもなお続く激しい陸と空の争いの序盤であった。競合相手である鉄道運賃は国鉄時代ということもあり値上げが抑えられ、それに航空運賃も影響されたといってもよいだろう。

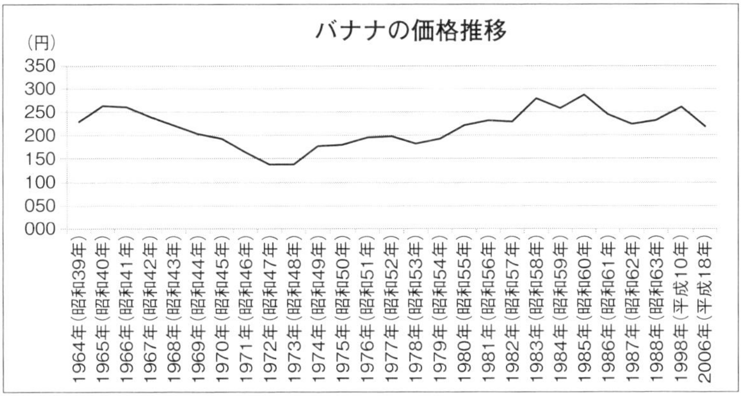

コラム

戦前の民間航空の運賃

日本における本格的な民間航空のスタートは、1929（昭和4）年に半官半民の日本航空輸送によって、主要国内線と日本の租界が置かれていた中国大陸を結ぶ路線であった。国内のローカル線は日本航空輸送研究所（大阪―高松―松山間）、東京航空（東京―下田―清水間）など4社によって運営されていた。

その後、1932（昭和7）年の関東軍の中国大陸侵攻によって満州国ができたのを契機に、国が100％株式を持つ国策会社の大日本航空が設立され、前述の全ての国内会社と満州航空の傘下の国際航空はこれに統合・合併されていく。

大日本航空は羽田を中心に大阪、福岡、それに植民地であった台湾、朝鮮、満州の各地に就航していった。海外の主力就航地は、終戦までに新京、奉天、南京、大連、上海、青島、北京、バンコク、マニラ、サイゴン、ハノイ、ジャカルタ、香港、ソウル（京城）、ピョンヤン（平壌）など。使用機材は10人前後の乗客数の中島AT-2、三菱MC-20、ロッキード14-G3B、ダグラスDC-2などに加え、乗客数21人のダグラスDC-3が使われた。

飛行時間と運賃は、東京―大阪間が3時間、運賃は25円（現在の貨幣価値で約6万円に相当）。ちなみに、当時の高等文官の初任給は75円、東京―大阪間の国鉄乗車券＋特急料金は8円余であった。利用客は大会社の社長や軍の上級士官などに限られていたが、1941（昭和16）年に太平洋戦争が始まると大日本航空は軍専用となり、一般客は利用できなくなった。

そして1945（昭和20）年のポツダム宣言受諾により、日本軍は武装解除され、民間航空でも飛行機の所有、運用が一切禁止され、飛行活動に従事する組織も廃止、解散させられることになる。民間航空の再開はGHQが1952（昭和27）年に認めて、ノースウエスト航空の機材と乗員によって日本航空が運航することになったのである。

戦前の大日本航空の時刻表の表紙。モダンなイラストが用いられており、航空旅行への夢が掻き立てられるものだった　画像提供：曽我誉旨生

南　洋　線（毎月二往復）

下り			上り		
飛行場	1便	1便	飛行場	2便	2便
横濱發	前 5.30	（毎週木曜日）	パラオ發	前 7.00	（毎月第二四週日曜）
サイパン着發	後 3.30	前 7.00	サイパン着發	後 2.30	前 6.00
パラオ着	（毎月第一三週火曜）	後 2.00	横濱着	（毎週土曜日）	後 4.00

(1) 當分ノ間郵便、貨物ノミヲ取扱ヒ、旅客ノ取扱ハ致シマセン
(2) 九月一日カラ横濱發午前六時、サイパン着午后四時ト一部變更ガアリマス

大日本航空南洋線（横浜ーパラオーサイパン間）の時刻表　画像提供：曽我誉旨生

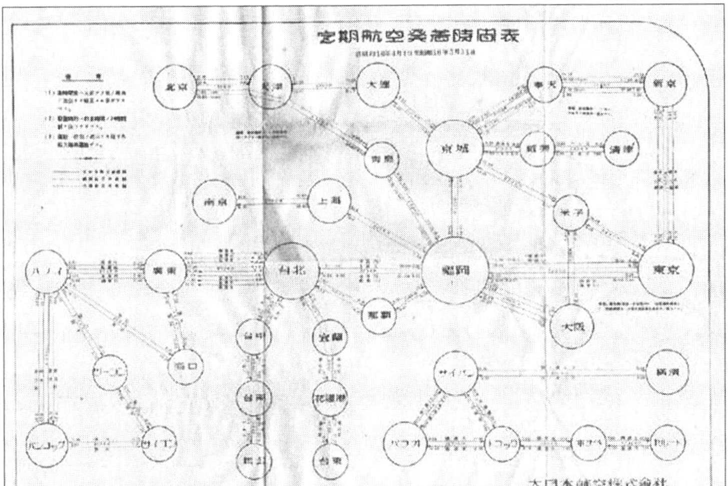

大日本航空の到達時間表。プロペラ機の時代だった当時は、現在よりもおよそ2倍の到達時間がかかっていた　画像提供：曽我誉旨生

2章

国際線運賃を決めてきたIATA

これまで述べてきたように国内線運賃の値段は、民間航空がスタートした時点では確かにサラリーマンの給与を基準とすると高額ではあったものの、鉄道運賃やその後の物資全体の物価の上昇等を考慮すると、その水準についていろいろな見方もあるのではないか。

ただ庶民にとって空の旅はまだ始まったばかりで、それは一部の階層の人々のものという意識から公共交通機関と感じるまでには時間がかかったに過ぎない、というのが実態であろう。これに比べ国際線の運賃は、まぎれもなく庶民の手の届かぬ雲の上のような値段であった。

例をあげると、団体旅行が始まった1960年代にJTB（日本交通公社）が主催したハワイ9日間「第１回ハワイダイヤモンドコース旅行団」の旅行代金は、当時の国家公務員大卒初任給（19,000円）の19倍という36万4,000円、1965（昭和40）年に開始された「ジャルパック／ヨーロッパ16日間コース」は67万5,000円であった。これを現代（2021年2月時点）の貨幣価値に換算するとJTBのハワイツアーは400万円、ジャルパックのヨーロッパツアーは700万円に相当する。

個人運賃は勿論のこと、このような団体旅行のベースになっていた国際線の運賃がこれほどまでに高額であった原因は世界共通のドルとポンド建ての運賃体系にあった。それを決定したのがIATA（国際航空運送協会）という民間の組織であった。IATA「International Air Transport Association」とは一体どのような歴史で成立し、何を取り決めてきたのかをまとめてみたい。

第二次大戦後の国際航空輸送の仕組みを構成しているのは、1944（昭和19）年に締結された『国際民間航空条約』（通称シカゴ条約）によって設置されたICAO（International Civil Aviation Organization＝国際民間航空機関）と、各国間で結ばれる二国間航空協定とIATAの三本柱である。ICAOはシカゴ条約で設けられた政府間の組織で、国際民間航空の原則や技術を発達させ、国際航空運送の計画および発達を助長することを目的としている。二国間航空協定は、航空輸送を行うべき路線（特定路線）や航空企業（指定企業）などに関する事項をとりきめている。IATAはこうした主権に基づいて設けられた土台の上で、実際に商業活動としての国際航空輸送を行うのに必要な協力をするためにつくられた、世界の主要な国際定期航空企業の集まりである。その活動の目標は、公衆の利益のために安全で、定時性、経済性の高い国際航空輸送を発展させること、また国際航空輸送サービスのために航空企業同士が協力することにある。

世界の航空会社で構成されるIATA。本部はカナダ・モントリオール　写真提供：IATA

このICAOとIATAの組織と目的について、その関係性を細かくまとめると次のようになる。第二次世界大戦での連合国側勝利の見通しがついた1944（昭和19）年に、米国・連合国および中立国はシカゴに集まり、その後の国際民間航空の発展と、管理機構の設立を中心とする民間航空の新しい秩序の確立について会議を行った。

52カ国が参加したこの国際民間航空会議において採択された『シカゴ条約』では、国際航空の原則と技術を発展させ、国際航空の安全性の確保と秩序の維持、および、その監視をするための国際的な管理かつ立法的な権限を有する機関の設立について合意した。そして設立されたのが「国際民間航空機関」（International Civil Aviation Organization＝ICAO）である。

ICAOは1947（昭和22）年4月4日『国際民間航空条約』（シカゴ条約）により正式に設立された。本部はモントリオールに置かれ、その後、国際連合の発足に伴って、その1専門機関に組み入れられている。加盟国数は2018（平成30）年現在192カ国である。

ICAOが行う諸活動のうち、特に運賃に関するものでは「安全、正確、能率的かつ経済的な運送に対する諸国民の要求に応ずること」および「不当競争による経済的損失を防止すること」等があげられる。

ICAOは、その決議内容を「国際標準」や「勧告」という方法で表明し、直接的な拘束力を行使しない。1974（昭和49）年のICAO総会では「航空運送専門会議の開催の必要」を認める決議を行い、1977（昭和52）年4月、モントリオールにおいて100カ国の代表が参加して「勧告案」を採択した。

この「勧告案」は、次の4項目からなっている。

(1) 運賃遵守（Tariff Enforcement）…各国政府の運賃遵守への努力と違反行為への処罰強化、IATAのCompliance（監視）活動への援助の強化。

(2) チャーター政策と定期輸送との、秩序ある調和を図るように努力すること。

(3) Capacityの調整。

(4) 運賃決定機構に関する勧告。

上記4項目の「運賃決定機構に関する勧告」は大別すると、次の骨子からなっている。

(1) Non-IATA Carrier（IATA非加盟航空会社）のみの国の政府見解・意見を考慮すること。

(2) IATAの運送会議にICAO代表をオブザーバーとして参加させること。

(3) 路線運行キャリア全社の意見を反映させた運賃決定を行うこと。(Non-IATA Carrierの意見を吸収し、IATAの運送会議に反映させた運賃決定を行うこと)。

(4) 将来、運賃決定機構として、IATA以外の新しい機構を設立することの検討を行うこと。また、運賃構造、種別の簡素化へ向けて、ICAOの指導性を強めること。

この「勧告案」を受け、IATAは『運送会議運営規則』を改正し、組織、会員、運賃の決定方法の大きな手直しを行い今日に至っている。ICAOが国家間の機構として設立された公的機構であるのに対し、IATAは第一次世界大戦後、航空条件の統一を目的として、欧州の航空会社によって設立された「The International Air Traffic Association」（旧IATA）を継承する形で設立された。1945（昭和20）年4月、キューバのハバナで開催された世界航空企業会議は、第二次世界大戦後の民間航空輸送の飛躍的な発展に対処するための「国際航空運送協会」（International Air Transport Association＝IATA）の設立を合意した。

これを受けて、IATAは同年モントリオールで設立された。協会の本部はモントリオールに、また協会の事務を円滑に遂行すべく、事務総長を責任者とする事務局がモントリオールとジュネーブに置かれているほか、シンガポール、バンコク、ロンドン、ニューヨークなど9カ国の都市に事務局が設置されている。

協会の会員は、正会員と準会員に分かれる。両者ともICAO加盟国の航空企業であることが条件であるが、正会員は「国際航空業務を行っている者」となっている。1975（昭和50）年からは、不定期航空会社にも会員となる資格が与えられている。加入申請は、書面により理事会に行い、また脱退通知は事務総長宛て任意に行うことができるとされている。2018（平成30）年現在、約120カ国、約265社が加盟し、世界の定期航空の約83%を占めている。

IATAの主要目的とするところは以下の3点である。

(1) 世界諸国民の福祉のため、安全・定期的・経済的な航空運送を発達させ、航空商業の推進、およびこれらに関する問題を研究。

(2) 直接もしくは間接に国際航空運送事業に従事する航空会社間の協力のための手段提供。

(3) ICAO等の国際機関との協力。

こうして合意された運賃は、関係国政府の認可を得て実施に移されるが、自国政府は認可したが、相手国政府が不認可としたり、付帯条件を課すといった事態もしばしば発生し、これが後にできるアペックス運賃などを複雑にしている要因にもなっている。

1 高額な普通運賃はサラリーマン給与の何十倍にも

当初IATAで合意された世界共通の国際運賃は、まず米国ドルと英国ポンドを建値として決定されていた。日本の当時の為替相場は1USドル＝360円、1UKポンド＝1,008円（1967[昭和42]年からは864円）に固定されていたので、これが適用され、例えば東京―サンフランシスコ間の運賃は、日本で購入しても米国で購入してもUSドル建てなので、購入場所による運賃差もなかった。

次に、運賃や規則は世界を次のように3区分化して、その地区で共通のものを決定することにしている。そして、それぞれの地区内では共通する運賃計算規則、通貨規則、無料荷物許容量と超過手荷物料金などを協議するための調整会議も開かれる。

これを日本にあてはめると、日本は第3地区に入っていて、1例として、

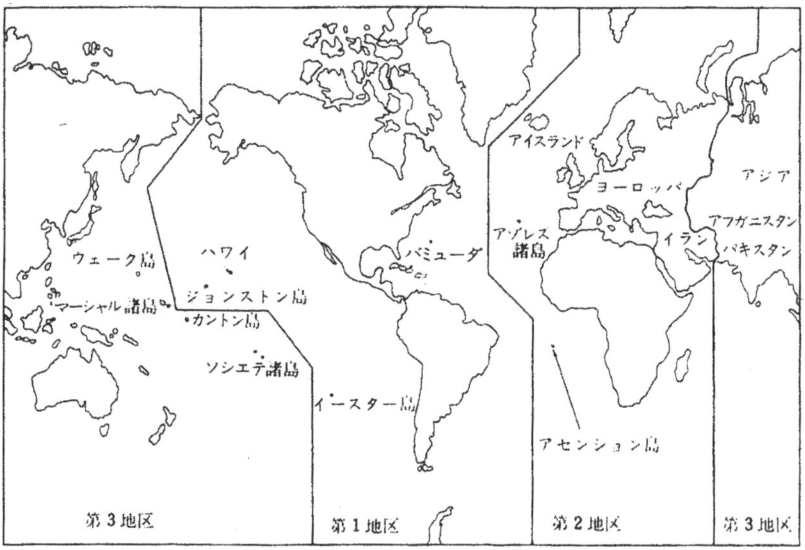

IATAは運賃や各種規則を定めるために世界を３エリアに分割。日本はアジアの大部分とオセアニアが含まれる第３地区に属する　資料提供：筆者

第1地区の米国方面絡みの路線の運賃はUSドル建て、ヨーロッパに向かう場合はUKポンドで運賃が適用されることになる。そのため日本からこれらの国に行く場合は、まずそれらの外貨を購入して航空券を購入しなければならなかった。

P 22～P 24の表は、第1次東京オリンピックが開催された1964（昭和39）年の日本航空のルート、時刻表、それにIATAの運賃表の一部である。一例をあげると、東京から米国西海岸（サンフランシスコ、ロサンゼルス）までの普通運賃（片道エコノミークラス）は15万6,000円、東京からロンドンまでは24万4,000円となっていたので、大手企業の大卒初任給が3万円以下の時代にあって、いかに高額であったかがお分かりいただけよう。ちなみに、1965（昭和40）年に団体包括運賃（ホテルや観光をセットにすることを前提とした団体割引運賃）が認可され「ジャルパック」が誕生したが、一般的なハワイ旅行は当時の約50万円、現在の価値にすると約300万円になり、なお庶民にとっては高嶺の花だった。

このように米国ドルと英国ポンドという基軸通貨による固定レートが運賃の換算率として用いられ、また現実の通貨価値を表すものとして有効に機能していたが、1973（昭和48）年の米国ドル切り下げで各国通貨が変動相場に移行したのに伴い、両通貨は基軸通貨としての安定を失い、以後、運賃は、発地国通貨制が採られ現在に至っている。

航空運賃を発地国通貨建てにしたことから、世界の航空運賃を同じ尺度で測る単位が必要になり、IATAはUSDを基本とするFCU（Fare Construction Unit）という架空の係数を各区間に設定する。この制度も1973年からスタート、日本は1USD＝296円だったので、この数字がその後も固定されてしまう。

しかし、時代は円高へ進んでおり、日本で日本と海外の都市間の航空券を購入すると、現地で購入する場合との差が非常に大きかった。1USD=150円だったとすると、航空券は原則的にFCUを用いていたので、日本で買うと〝べらぼう〟に高かったのである。そして この1USD＝

1 時刻表

21便	11便		各便日曜のほか毎日運航		22便	12便
8:10	13:30	發	東京（羽田）	着	12:20	20:25
↓	↓				↑	↑
10:00	15:20	着	名古屋（小牧）	發	10:30	18:35
	15:35	發		着		18:20
	↓					↑
	16:35	着	大阪（伊丹）	發		17:30

2 運　賃（通行税共 暫定）

普通運賃

往復	東京	3,080円	4,500円	片道
	5,544円	名古屋	1,870円	
	8,100円	3,366円	大阪	

3〜12才未満 小児運賃 5割引

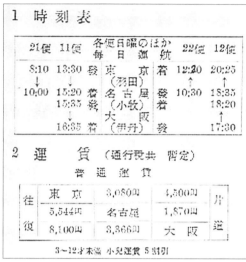

1954年の日本航空国内線の時刻表。東京ー大阪間が8,000円との記載があるが、同年の大卒初任給（事務職）が10,000円程度だったことを考えると、当時の航空運賃がいかに高額であったわかる　画像提供：曽我誉旨生

296円という水準が10年以上続く。ただし、これは世界中で不具合があったわけではなく、この時期日本円の価値が急激に上がって、実勢と数字が合致しなくなったということだ。

この1USD＝296円の固定レートで計算していたFCUというシステムに終止符が打たれるのは1989（平成元）年で、IATAはFCUを廃止し、実勢レートで航空券が発券できるように制度を改めたのである。こうすると航空運賃が相対的に安い国を出発地とする発券が集中するという弊害もあるのだが、片道運賃の場合は逆方向の運賃も計算して高い方の運賃を使う（バックホール）、目的地までより経由地までの航空運賃が高い場合は高い方を使う（HIF＝Higher Intermediate Fareチェック）、などを行って対処した。

これにより海外発着の国際線航空券を日本で購入することが容易になった。正確にいえば「日本で買っても損しなくなった」といったところだ。1,000USDのものが1,000USD相当の日本円、100UKL（英国ポンド）のものが100UKL相当の日本円、1,000THB（タイバーツ）のものが1,000THB相当の日本円で購入できるようになったわけで、今では当たり前のことのように感じるのだが、当時は画期的であった。

次ページから掲載する3表は、日本航空国際線の運賃表（1964年）である。

All fares in US Dollars. First class fares in red. Economy class fares in blue.

Between/and		US and Canada Westcoast*		Atlanta		Boston		Chicago		Cleveland		Dallas/Ft. Worth	
		↙	↙↗	↙	↙↗	↙	↙↗	↙	↙↗	↙	↙↗	↙	↙↗
BANGKOK	Pacific	880.00 550.00	1584.00 990.00	1021.10 661.60	1866.20 1213.20	1047.30 673.90	1918.50 1237.70	996.60 635.00	1817.10 1160.00	1016.60 657.00	1857.20 1204.00	964.50 622.50	1753.00 1135.00
	Atlantic	1299.60 822.00	2485.40 1577.20	1201.10 733.10	2288.40 1397.80	1129.70 678.40	2146.50 1289.00	1191.00 720.80	2268.15 1373.20	1171.60 703.90	2229.40 1341.10	1234.90 766.80	2355.95 1464.90
BOMBAY	Pacific	1045.80 680.20	1882.50 1224.40	1186.90 791.80	2164.70 1447.50	1213.10 804.10	2217.00 1472.10	1162.40 765.20	2115.60 1394.40	1182.40 787.20	2155.70 1438.40	1130.30 752.70	2051.50 1369.40
	Atlantic	1137.90 732.20	2178.10 1406.60	1039.40 643.30	1981.10 1227.20	968.00 588.60	1839.20 1118.90	1029.30 631.00	1960.90 1202.60	1009.90 614.10	1922.10 1170.50	1073.20 676.80	2048.70 1294.30
CALCUTTA	Pacific	998.50 634.00	1797.30 1141.20	1139.60 745.60	2079.50 1364.30	1165.80 757.90	2131.80 1388.90	1115.10 719.00	2030.40 1311.20	1135.10 741.00	2070.50 1355.20	1083.00 706.50	1996.30 1286.20
	Atlantic	1193.90 759.80	2284.50 1459.00	1095.30 670.90	2087.50 1279.60	1024.00 616.20	1945.60 1170.80	1085.30 658.60	2067.30 1255.00	1065.90 641.70	2028.50 1222.90	1129.20 704.40	2155.10 1346.70
DELHI	Pacific	1045.80 667.60	1882.50 1201.70	1186.90 779.20	2164.70 1424.80	1213.10 791.50	2217.00 1449.40	1162.40 752.60	2115.60 1371.70	1182.40 774.60	2155.70 1415.70	1130.30 740.10	2051.50 1346.70
	Atlantic	1137.90 732.20	2178.10 1406.60	1039.40 643.30	1981.10 1227.20	968.00 588.60	1839.20 1118.40	1029.30 631.00	1960.90 1202.60	1009.90 614.10	1922.10 1170.50	1073.20 676.80	2048.70 1294.30
DJAKARTA	Pacific	920.00 580.00	1656.00 1044.00	1061.10 691.60	1938.20 1267.10	1087.30 703.90	1990.50 1291.70	1036.60 665.00	1889.10 1214.00	1056.60 687.00	1929.20 1258.00	1004.50 652.50	1825.00 1189.00
	Atlantic	1361.20 888.30	2602.40 1703.20	1262.70 799.40	2405.40 1523.80	1191.30 744.70	2263.50 1415.00	1252.60 787.10	2385.20 1499.20	1233.20 770.20	2346.40 1467.10	1296.50 832.90	2473.00 1590.90
HONG KONG	Pacific	820.00 500.00	1476.00 900.00	961.10 661.60	1758.20 1123.10	987.30 623.90	1810.50 1147.70	936.60 585.00	1709.10 1070.00	956.60 607.00	1749.20 1114.00	904.50 572.50	1645.00 1045.00
	Atlantic	1422.10 908.80	2718.10 1742.10	1323.60 819.90	2521.10 1562.70	1252.20 765.20	2379.20 1453.90	1313.50 807.60	2500.90 1538.10	1294.10 790.70	2462.10 1506.00	1357.40 853.40	2588.70 1629.80
KARACHI	Pacific	1084.40 695.60	1952.00 1252.10	1225.50 807.20	2234.20 1475.25	1251.70 819.50	2286.50 1449.80	1201.00 780.60	2185.10 1422.10	1221.00 802.60	2225.20 1466.10	1168.90 768.10	2121.00 1397.10
	Atlantic	1115.50 723.80	2135.60 1390.60	1017.00 634.90	1938.60 1211.20	945.60 580.20	1796.70 1102.40	1006.90 622.60	1918.40 1186.60	987.50 605.70	1879.60 1154.50	1050.80 668.50	2006.20 1278.30
MANILA	Pacific	780.00 490.00	1404.00 882.00	921.10 601.60	1686.20 1105.10	947.30 613.90	1738.50 1129.70	896.60 575.00	1637.10 1052.00	916.60 597.00	1677.20 1096.00	864.50 562.50	1573.00 1027.00
	Atlantic	1432.80 915.70	2738.50 1755.20	1334.30 826.80	2541.50 1575.80	1262.90 772.10	2399.60 1467.00	1324.20 814.50	2521.30 1551.20	1304.80 797.60	2482.50 1519.10	1368.10 860.30	2609.10 1642.90
OKINAWA TAIPEI	Pacific	780.00 490.00	1404.00 882.00	921.10 601.60	1686.20 1105.10	947.30 613.90	1738.50 1129.70	896.60 575.00	3617.10 1052.00	916.60 597.00	1677.20 1096.00	864.50 562.50	1573.00 1027.00
SAIGON	Pacific	870.00 545.00	1566.00 981.00	1011.10 656.60	1848.20 1204.20	1037.30 668.90	1900.50 1228.70	986.60 630.00	1799.10 1151.00	1006.60 652.00	1839.20 1195.00	954.50 617.50	1735.00 1126.00
	Atlantic	1308.00 827.80	2501.30 1587.80	1209.50 738.70	2304.30 1408.40	1138.10 684.00	2162.40 1300.50	1199.40 726.40	2284.10 1384.70	1180.00 709.50	2245.30 1352.60	1243.30 772.20	2371.90 1476.40
SEOUL	Pacific	730.00 455.00	1314.00 819.00	871.10 566.60	1596.20 1042.10	897.30 578.90	1648.50 1066.70	846.60 540.00	1547.10 989.00	866.60 562.00	1587.20 1033.00	814.50 527.50	1483.00 964.00
SINGAPORE	Pacific	880.00 550.00	1584.00 990.00	1021.10 661.60	1866.20 1213.10	1047.30 673.90	1918.50 1237.70	996.60 635.00	1817.10 1160.00	1016.60 657.00	1857.20 1204.00	964.50 622.50	1753.00 1135.00
	Atlantic	1310.80 830.40	2506.70 1593.20	1212.30 741.50	2309.70 1413.80	1140.90 686.80	2167.80 1305.00	1202.20 729.20	2289.50 1389.20	1182.80 712.30	2250.70 1357.10	1246.10 775.00	2377.30 1480.90
TOKYO	Pacific	700.00 435.00	1260.00 783.00	841.10 546.60	1542.20 1006.10	867.30 558.90	1594.50 1030.70	816.60 520.00	1493.10 953.00	836.60 542.00	1533.20 997.00	784.50 507.50	1429.00 928.00
	Atlantic	1577.80 1026.20	3014.00 1965.20	1479.30 937.30	2817.00 1785.80	1407.90 882.60	2675.10 1677.00	1469.20 925.00	2796.80 1761.20	1449.80 908.10	2758.00 1729.10	1513.10 970.80	2884.60 1852.90

* Los Angeles, Portland, San Francisco, Seattle and Vancouver, except that Atlantic fares to and from Portland, Seattle and Vancouver are slightly lower.

最右列に記載されているアジア諸都市（東京は最下段）と最上段に記載されているアメリカ各都市（アメリカ・カナダ西海岸、アトランタ、ボストン、シカゴ、クリーブランド、ダラス・フォートワース）との間の普通運賃（単位は米ドル）。矢印一つが片道運賃、矢印二つは往復運賃を意味する。さらに、運賃が記載されている各欄の上段はファーストクラス運賃、下段はエコノミー運賃となる。東京とアメリカ西海岸を太平洋経由で往復した場合783ドルとなる。この時代は1ドル360円だったので日本円に換算すると281,880円。当時の大卒初任給の平均が21,200円だったので、いかに高額な設定であったかが判る

All fares in US Dollars.　First class fares in red.　Economy class fares in blue.

Between/and		Honolulu		Houston		Kansas City		Mexico City		Miami		Montreal	
		↙	↙↗	↙	↙↗	↙	↙↗	↙	↙↗	↙	↙↗	↙	↙↗
BANGKOK	Pacific	755.00 480.00	1359.00 864.00	978.30 635.30	1780.60 1160.60	989.80 619.00	1803.60 1128.00	997.00 643.00	1807.00 1176.00	1057.90 690.10	1939.80 1270.20	1029.90 651.80	1883.70 1193.50
	Atlantic			1250.00 772.20	2386.15 1477.70	1222.60 750.10	2331.25 1431.90			1235.40 756.50	2347.30 1437.40	1124.70 667.40	2136.95 1268.10
BOMBAY	Pacific	920.80 610.20	1657.50 1098.40	1144.10 765.50	2079.10 1395.00	1155.60 749.20	2102.10 1362 40	1162.80 773.20	2105.50 1410.40	1223.70 820.30	2238.30 1504.60	1195.70 782.00	2182.20 1427.90
	Atlantic			1088.30 682.49	2078.90 1307.10	1060.90 660.30	2024.00 1261.30			1059.00 666.70	2012.10 1267.70	963.00 577.60	1829.70 1097.50
CALCUTTA	Pacific	873.50 564.00	1572.30 1015.20	1096.80 719.30	1993.90 1311.80	1108.30 703.00	2016.90 1279.20	1115.50 727.00	2020.30 1327.20	1176.40 774.10	2153.10 1421.40	1148.40 735.80	2097.00 1344.70
	Atlantic			1144.30 710.00	2185.30 1359.50	1116.90 687.90	2130.40 1313.70			1115.00 694.30	2118.50 1319.20	1019.00 605.20	1936.10 1149.90
DELHI	Pacific	920.80 597.60	1657.50 1075.70	1144.10 752.90	2079.10 1372.30	1155.60 736.60	2102.10 1339.70	1162.80 760.60	2105.50 1387.70	1223.70 807.70	2238.30 1481.90	1195.70 769.40	2182.20 1405.20
	Atlantic			1088.30 682.40	2078.90 1307.10	1060.90 660.30	2024.00 1261.30			1059.00 666.70	2012.10 1266.80	963.00 577.60	1829.70 1097.50
DJAKARTA	Pacific	795.00 510.00	1431.00 918.00	1018.30 665.30	1852.60 1214.60	1029.80 649.00	1875.60 1182.00	1037.00 673.00	1879.00 1230.00	1097.90 720.10	2011.80 1324.20	1069.90 681.80	1955.70 1247.50
	Atlantic			1311.60 838.50	2503.20 1603.70	1284.20 816.40	2448.30 1557.90			1297.00 822.80	2474.00 1570.60	1186.30 733.70	2254.00 1394.10
HONG KONG	Pacific	690.00 430.00	1242.00 774.00	918.30 585.30	1672.60 1070.60	929.80 569.00	1695.60 1038.00	937.00 593.00	1699.00 1086.00	997.90 640.10	1831.80 1180.20	969.90 601.80	1775.70 1103.50
	Atlantic			1372.50 859.00	2618.90 1642.60	1345.10 836.90	2564.00 1596.80			1357.90 843.30	2580.70 1609.50	1247.20 754.20	2369.70 1433.00
KARACHI	Pacific	959.40 625.60	1727.00 1126.10	1182.70 780.90	2148.60 1422.70	1194.20 764.60	2171.60 1390.10	1201.40 788.60	2175.00 1438.10	1262.30 835.70	2307.80 1532.30	1234.30 797.40	2251.70 1455.60
	Atlantic			1065.90 674.00	2036.40 1291.10	1038.50 651.90	1981.50 1245.30			1036.60 658.30	1969.60 1258.00	940.60 579.20	1787.20 1081.50
MANILA	Pacific	655.00 410.00	1179.00 738.00	878.30 575.30	1600.60 1052.60	889.80 559.00	1623.60 1020.00	897.00 583.00	1627.00 1068.00	957.90 630.10	1759.80 1162.20	929.90 591.80	1703.70 1085.50
	Atlantic			1383.20 865.90	2639.30 1655.70	1355.80 843.80	2584.40 1609.90			1368.60 850.20	2600.40 1622.60	1257.90 761.10	2390.10 1446.10
OKINAWA TAIPEI	Pacific	655.00 410.00	1179.00 738.00	878.30 575.30	1600.60 1052.60	889.80 559.00	1623.60 1020.00	897.00 583.00	1628.00 1068.00	957.90 630.10	1759.80 1162.20	929.90 591.80	1703.70 1085.50
SAIGON	Pacific	710.00 445.00	1278.00 801.00	968.30 630.30	1762.60 1151.60	979.80 614.00	1785.60 1119.00	897.00 638.00	1789.00 1167.00	1047.90 685.10	1921.80 1261.20	1019.90 646.80	1865.70 1184.50
	Atlantic			1258.40 777.80	2402.10 1489.20	1231.00 755.70	2347.20 1443.40			1243.80 762.10	2363.30 1455.20	1133.10 673.00	2152.90 1279.60
SEOUL	Pacific	636.80 412.80	1146.30 743.10	828.30 540.30	1510.60 989.60	939.80 524.00	1533.60 957.00	847.00 548.00	1537.00 1005.00	907.90 595.10	1669.80 1099.20	879.90 556.80	1613.70 1022.50
SINGAPORE	Pacific	755.00 480.00	1359.00 864.00	978.30 635.30	1780.60 1160.60	989.80 619.00	1803.60 1128.00	997.00 643.00	1807.00 1176.00	1057.90 690.10	1939.80 1270.20	1029.90 651.80	1883.70 1193.50
	Atlantic			1261.20 780.60	2407.50 1493.70	1233.80 758.50	2352.60 1447.90			1246.60 764.90	2368.60 1460.60	1135.90 675.80	2158.30 1284.10
TOKYO	Pacific	550.00 345.00	990.00 621.00	798.30 520.30	1456.60 953.60	809.80 504.00	1479.60 921.00	817.00 528.00	1483.00 969.00	877.90 575.10	1615.80 1063.20	849.90 536.80	1559.70 986.50
	Atlantic			1528.20 976.40	2914.80 1865.70	1500.80 954.30	2859.90 1819.90			1513.60 960.70	2875.90 1832.60	1402.90 871.60	2665.60 1656.10

↓	↓↑	↓	↓↑	From/to	↓	↓↑	↓	↓↑
US Dollars				TAIPEI	UK £. sh.			
1075.20	2042.90	646.80	1229.00	Amsterdam	384.00	729.12	231.00	438.18
212.10	381.80	156.80	282.30	Bangkok	75.15	136.07	56.00	100.16
848.40	1612.00	554.40	1053.40	Cairo	303.00	575.14	198.00	376.04
319.20	574.60	232.40	418.40	Calcutta	114.00	205.04	83.00	149.08
1083.60	2058.90	652.40	1239.60	Copenhagen Hamburg	387.00	735.06	233.00	442.14
1075.20	2042.90	646.80	1229.00	Duseldorf Frankfurt	384.00	729.12	231.00	438.18
120.30	216.60	87.10	156.80	Fukuoka	42.19	77.07	31.02	56.00
89.60	161.30	70.00	126.00	Hong Kong	32.00	57.12	25.00	45.00
406.00	730.80	294.00	529.20	Karachi	145.00	261.00	105.00	189.00
719.60	1367.30	484.40	920.40	Kuwait	257.00	488.06	173.00	328.14
1083.60	2058.90	652.40	1239.60	London	387.00	735.06	233.00	442.14
112.90	203.30	84.00	151.20	Manila	40.06	72.11	30.00	54.00
136.30	245.40	98.00	176.40	Osaka	48.13	87.12	35.00	63.00
1075.20	2042.90	646.80	1229.00	Paris	384.00	729.12	231.00	438.18
1002.40	1904.60	604.80	1149.20	Rome	358.00	680.04	216.00	410.08
274.40	494.00	198.80	357.90	Singapore	98.00	176.08	71.00	127.16
152.20	274.00	109.20	196.60	Tokyo	54.07	97.17	39.00	70.04
1069.60	2032.30	641.20	1218.30	Zurich	382.00	725.16	229.00	435.02
US Dollars				TOKYO	Yen			
1125.60	2138.70	677.60	1287.50	Amsterdam	405250	770000	243950	463550
313.60	595.90	226.80	431.00	Bangkok	112900	214550	81650	155150
943.60	1792.90	602.00	1143.80	Cairo②	339700	645450	216750	411850
453.60	861.90	330.40	627.80	Calcutta	163300	310300	118950	226050
1125.60	2138.70	677.60	1287.50	Copenhagen Hamburg	405250	770000	243950	463550
385.00	731.50	285.60	542.70	Djakarta	138600	263350	102850	195450
1125.60	2138.70	677.60	1287.50	Dusseldorf Frankfurt	405250	770000	243950	463550
		31.80	63.60	Fukuoka			11429	22858
216.60	411.60	155.40	295.30	Hong Kong	78000	148200	55950	106350
540.40	1026.80	380.80	723.60	Karachi	194550	369650	137100	260500
828.80	1574.80	560.00	1064.00	Kuwait②	298400	567000	201600	383050
1125.60	2138.70	677.60	1287.50	London	405250	770000	243950	463550
232.40	441.60	175.90	334.30	Manila	83700	159050	63350	120400
107.00	192.60	84.00	151.20	Okinawa	38550	69400	30250	54450
		15.90	31.80	Osaka			5715	11430
1125.60	2138.70	677.60	1287.50	Paris	405250	770000	243950	463550
1069.60	2032.30	641.20	1218.30	Rome②	385100	731700	230850	438650
1131.20	2149.30	683.20	1298.10	Rome③	407250	773800	246000	467400
		29.70	59.40	Sapporo			10667	21334
352.80	670.40	249.20	473.50	Singapore	127050	241400	89750	170550
152.20	274.00	109.20	196.60	Taipei	54800	98650	39350	70850
1125.60	2138.70	677.60	1287.50	Zurich	405250	770000	243950	463550

2 割安だったファーストクラス

現在では東京からパリやロンドンへのファーストクラスは、JALなどでは240万円と車が1台買える料金になっているが、ひと昔前の運賃水準はエコノミークラスと比較してそれほど高額ではなかったのである。料金の問題に入る前に、まずファーストクラスが誕生したいきさつとその時の運賃を振り返ってみたい。

初期の旅客機は、乗客の定員が数名から十数名のモノクラスだった。1919（大正8）年に機内食が登場し、1930（昭和5）年にスチュワーデスが乗務を始めたころから旅客輸送の体裁が整い始めたが、当時の飛行機は輸送コストが高いうえに、安全性にも一抹の不安を抱えていたことから、エアラインは鉄道よりも「速くて、豪華な旅」を演出した。

客室が初めて2つに分けられたのは1940（昭和15）年の米国国内線で、30人乗りクラスの旅客機が登場してからだ（国際線は1952[昭和27]年までモノクラス）。当初はファーストクラスが正当なサービスで、格下のツーリストクラスはサービスを簡素化した位置づけだったのだが、やがて飛行機に乗る大衆旅客数が圧倒的に増えてくるとツーリストクラスが標準になり、ファーストクラスが上位クラスと位置づけられる。1958（昭和33）年にツーリストクラスよりも2割安いエコノミークラスが誕生

豪華な食事が提供されるファーストクラス。かつては普通運賃との価格差は現在ほど大きくはなかった

し、エコノミークラスの乗客が急速に拡大した。

ファーストクラスのサービスは特に食事の内容でエコノミークラスとの差別化が際立っていた。現在ではひと皿ひと皿をギャレイ（調理室）で盛りつけて運ぶが、全盛期はワゴンの上に料理をのせて運び、乗客の目の前で取り分けるスタイルが主流であった。ジャンボジェット（ボーイング747）の広いスペースでは2台のワゴンに料理をセットして客室担当に渡すと、もう1台にすぐさま次の料理を準備、サービスを終えてワゴンが戻ってくると、素早く次の料理をワゴンにセッティングし、サービスが間断なく進むようにギャレイでは何人かがはりつけ状態になる。ファーストクラスの客室担当は別に４人が専門に当たる。このように客数に対して担当する乗務員が非常に多いのが特徴である。

日本航空ではローストビーフを機上のオーブンで焼き、それをワゴンの上で一枚一枚切って提供するサービスが人気であった。大体約40分かけて焼くのだが、機材のオーブンは一台一台違いがあってパーサーやスチュワーデスは神経をとがらせていた。もし焼きすぎたらクルー用語での「たわし」状態となり、特に外国人客からものすごいクレームが飛んできたものだ。

ファーストクラスのサービスは男性のパーサーやチーフパーサーが責任者となっていたが、スチュワーデスの間で「あの〇〇さんは、仕事はできないけどローストビーフを焼くのは天才的だわ！」などと１人１人が勤務評定されていたのも今となっては懐かしい想い出となっている。このローストビーフの提供がいかに難しいか、知り合いの元スチュワーデスがコメントしてくれたので参考にしてほしい。

『それは今では考えられない優雅なサービスで、ナイフの切り目から、シズル感たっぷりのジューシーな赤身がお目見えすることが肝要。火が通り過ぎて、切れども切れども赤身に乏しい肉色しか現れてこないなどというのはもってほか。一塊が６人分で、一つ失敗すると６人のお客様からブーイングを受けることにつながる。しかも、その方々は高額な料

航空旅行の花形だったファーストクラス。写真のパンアメリカン航空でもアメリカのナショナルフラッグに恥じないサービスが提供されていた
写真提供：イカロス出版

金を支払って乗っていただいている方々……。ローストビーフは、SUDのオーブンでは「350℃で40分」がスタンダードな設定だった。焼き上がった時に、お客様がまだ他の料理を召し上がっていると、待っている間に余熱で肉の焼き加減が進んでしまう。かといって、焼き上がるのが遅くなると、お客様を待たせるうえにワゴンが1台使えなくなり、全体の進行に影響を及ぼしてしまう』。

このローストビーフのサービスはたとえファーストクラスに乗客が1人だけの時にも用意しなくてはならない。加えて、どの乗客にも他にステーキ（ビーフ）、チキン、フィッシュと3種類のメニューを用意する必要がある。エコノミークラスのように「ビーフはなくなりました」と言うことはできないのである。そのため仮に10人の乗客数とすれば、全員が同じものを選ぶことも考えて3×3＝9ポーションのミールを用意しなければならない。残ったものはギャレイに残ったままとなる。

このように航空会社側にとってもファーストクラスはかなり経費がかかるものであった。座席スペースは前後、左右ともにエコノミークラスの2.5倍なので面積は6.25倍、料理、酒のコストは10倍以上かかる。JALでは赤ワインとして「シャトーマルゴー」、デザートワインとして「シャトーデキム」といった超高級ワインを提供していた時代である。そして何よりもスペースをとる割には乗客数が限られる。初期のDC-8では8席、ジャンボジェットになってからは16席と増えたものの昨今は再び8席くらいに減っている。それは当然運賃にはね返り高額となる。

しかし、昔のファーストクラスの運賃を見てもらいたい。例えば先に紹介した1964（昭和39）年当時の東京―ロンドンの片道運賃は、エコノミークラスが24万3,950円のところ、ファーストクラスは40万5,250円とエコノミークラスの約1.65倍に過ぎない。つまり少し余分に払うだけで誰でもファーストクラスに搭乗できたのである。もちろん私自身の経験でも、ファーストクラスの乗客は、大臣クラスや大企業の社長やそのご夫人など特別な方が多かったのを覚えているが、料金的には現在のような格差はなかったものである。

その後ヨーロッパ往復運賃は2007（平成19）年当時で163万円と、エコノミークラスの2.3倍になっていく。では、今日の運賃はどうか。東京―ロンドン間の往復運賃はJAL、ANAとも240万円、安いところでBAが180万円。エコノミークラスは正規運賃でない割引運賃がほとんどという実態を考えると、その差は極めて大きいものとなっている。

ファーストクラスには割引運賃がない。これは私の個人的感想になるが、近年のファーストクラスの乗客にはIT関連の若い方も多く見られる。あるとき、筆者がヨーロッパ便に搭乗した際に航空会社の都合でファーストクラスにアップグレードされたことがあるが、この種の乗客を間近に「観察」する機会があった。ある旅客は搭乗してくるなりアイマスクをつけて寝始め、離陸後3時間くらい経って他の乗客へのミールサービスは終了して室内が映画上映のために真っ暗になっていた頃に起き出した。担当CAが「お食事は何でも準備ができていますので」と声をかけたところ、なんと、その旅客は「カレーライス一杯持ってきて」と言ったのだ。食後はパソコンと向きあい到着の約3時間前（ロシアのサンクトペテルブルクあたり）に始まる2回目のミールサービスに対しても「何もいらない」と言って再びアイマスクをつけたのである。高額なファーストクラスの料金を払って食事はカレーライス一杯だけ、驚いた私はもう時代遅れなのであろう。

今日、ファーストクラスの乗客のニーズは食事よりも自由で広いスペースなのかもしれない。このような事情もあってか、JALでは先に述べたローストビーフのワゴンサービスも止めてしまった。

このようにファーストクラスは広いスペースに豪華な食事を提供するものの、エコノミークラスの乗客よりも早く目的地に到着するものではないから、短距離路線では利用者が次第に減っていった。それに加え、エコノミークラスではまだ多かった正規料金を払って搭乗する乗客が、割引運賃で同じサービスを受けることに反発することも増え、ここにビジネスクラスの新設の流れができた。

米国ではすでに飛行時間1時間程度のフライトでは、豪華なサービスもできず中途半端であったので、エコノミーサービスを充実させたビジネスクラスの拡充がブームとなり3クラス制になっていたが、その差別化には苦慮していた。そこで今度はファーストクラスの廃止という流れが生じたのである。ファーストクラスの廃止を始めたのは1980年代のヨーロッパの航空会社であった。

ヨーロッパ域内では、10～15%の割り増しで高サービスが受けられるビジネスまたはユーロクラスに集約された。さらに、KLMオランダ、スカンジナビア、サベナ・ベルギー航空など欧州の中堅エアラインは、思い切って大陸間の長距離路線からもファーストクラスをなくしてしまった。90年代半ばから、今度はアメリカ系の航空会社がファーストクラスの廃止に踏み切り始めた。顧客だった富豪や経営者たちが、エアラインの運航ダイヤに予定を左右されるのは時間の無駄、と自家用ジェット機に切り替え出したからだ。

コンチネンタル航空がビジネスとファーストを統合して「ビジネスファーストクラス」で攻勢をかけたところ、「割安運賃で手厚いサービス」が好評を博した。デルタがビジネスエリートという名称で追従したのをはじめ、各社ともファーストの設定便を減らしている。その流れを受けてか、日本の官庁も2000（平成12）年4月から出張規程を変更し、ファーストクラスの利用対象を本省の部長以上から次官級に引き上げたが、これによって、年間の利用は600人強から70人程度に減少した。

一方、ファーストクラスを残すエアラインは、さらに設備・サービスを充実させている。仕切りがありフルフラットのベッドになる豪華シート、いつでも希望の時間に取れる食事など、個人のプライバシーとわがままが満たせる内容だ（もっとも、最近のビジネスクラスもフルフラット化が増えている）。今やファーストクラスは老舗のプレステージを大切にするエアラインの証になった。日本のエアラインも、ハワイなどリゾート観光路線や東南アジア線でファーストをなくしたが、ニューヨーク、ロンドン線などビジネス路線では充実をはかっている。

世界の航空ファンから人気を集めているシンガポール航空・A380のスイーツ（スイートルーム）。豪華列車の個室寝台を彷彿とさせる広々とした空間が確保されている　写真提供：シンガポール航空

ファーストクラスは豪華な食事も魅力。写真はシンガポール航空の日本線で提供される食事。器や盛り付けにも細やかな配慮が感じられる　写真提供：シンガポール航空

富裕層や用務客に好評のビジネスクラス。航空会社によっては独立性の高い空間が用意され、寛ぎの時間が演出されている　写真提供：シンガポール航空

3 超音速機の運賃

1960年代の後半は、後に述べるジャンボジェットとコンコルドで知られる超音速機が、ほぼ同じ時期に初飛行を成功させ、航空産業でのテクノロジーの画期的な進歩が花開いた時代となった。

超音速機はSST（Supersonic transport）と呼ばれ、英国とフランスが共同開発したコンコルドと、旧ソ連が開発したTU（ツポレフ）144がほぼ同じ性能で、それぞれ1969（昭和44）年3月と1968（昭和43）年12月に初飛行を果たした。

しかし、ジャンボジェットの1969年2月の初飛行から商業路線への投入が1970（昭和45）年1月（パンアメリカン航空のニューヨーク―ロンドン線）と1年未満と短かったのに比べ、SSTはコンコルドが1976（昭和51）年1月、TU144が1975（昭和50）年3月と遅かった。その理由は、やはり安全性の確認に時間を要したことであった。商業路線への投入は、エールフランスではパリ―ダカール―リオデジャネイロ線からパリ―ニューヨーク線へ、一方、ブリティッシュ・エアウェイズではロンドン―バーレーン線からロンドン―ニューヨーク、ロンドン―ワシントンDC線（後にダラスまでブラニフ航空との共同運航）、ロンドン―バルバドス線、ロンドン―シンガポール線（シンガポール航空との共同運航）と展開していった。しかし燃費の大量消費や衝撃波の発生、それに事故によってコンコルドは2003（平成15）年11月に20機全てが退役という運命をたどる。

コンコルドは、それまでのファーストクラスとエコノミーの2クラス制ではなく、スーパーソニッククラスという単一クラスのみであったが、それまでのファーストクラスの上のクラスという格付けとなっていた。但し、座席は1本の通路を挟み片側2席で、従来のエコノミークラスの座席と変わらない狭さで、食事こそ特別食が提供されたもののファース

現役時代のコンコルド。
ロンドンとニューヨークを
わずか3時間半で結んだ
撮影：筆者

列車の室内のように狭小なコンコルド
の機内　写真提供：北島幸司

トクラスの空間やサービスには及ばないものであった。しかし、何といってもロンドンとニューヨークがそれまでのジェット旅客機で約7時間かかっていたところを半分の約3時間半という飛行時間の付加価値によって運賃も当然高く設定されていた。

コンコルドの運賃は、それまでのファーストクラスの運賃の約1.2倍、実際に乗った人の報告ではロンドン―ニューヨーク間往復で184万円であったという。これは今日のビジネスクラスの約4倍の運賃であったが人気は高く、予約も取りにくい状況が続いていたようだ。

なお、TU144は安全面の問題も多く、商業飛行は貨物運送を中心に始められたが、旅客便としてはわずか102便をもって運航が停止された。運賃等の情報は入手できなかった。

4 航空券の見方

航空券は長い間、紙（ペーパー）で発行され、それは有価証券同様1枚で数十〜数百万円の価値を持つ貴重品扱いであった。まず始めに紙を使った国際線の航空券の数々を見てもらいたい。

次に航空券とその見方を、東京からサンフランシスコ行きの例で説明したい。

紙の航空券（ATB券：Automated Ticket and Boarding Pass）は、航

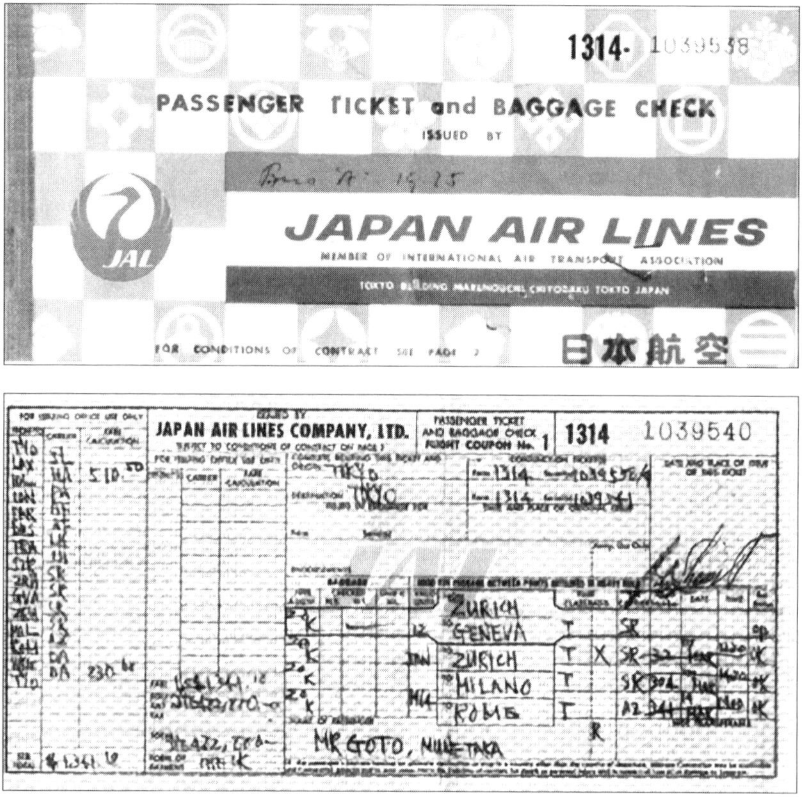

日本航空の世界一周航空券（1963年）

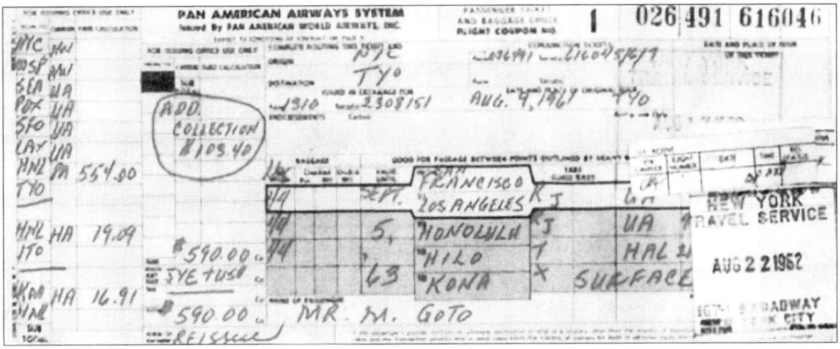

パンアメリカン航空の航空券
（1961年 ニューヨーク — 東京間）

日米間のメインキャリアとして長年君臨してきたパンアメリカン航空。1986年に日本から撤退、会社自体も1991年に倒産している　写真提供：北島幸司

空券と搭乗券が一体となっていて、一区間ごとに1枚ずつ、実搭乗区間分発行される。

上記の旅程に対して、実際に航空機を利用する区間が二区間なので搭乗用片（FLIGHT COUPON）2枚・旅客用片（PASSENGER RECEIPT）1枚が発行される。このうち、搭乗用片2枚（TOKYO—SAN FRANCISCO用／SAN FRANCISCO—TOKYO用）を搭乗順に重ね、最後部に旅客用片をセットして旅客に渡す。

航空券の見方としてはまず便情報や旅程の出発／到着日時は、各都市における現地時間で表記される。これらの航空券の運賃・料金は航空券発行日7月3日（03JUL）現在有効な、最初の搭乗用片を使って運送を開始する日7月23日（23JUL）に適用されるものを適用する。運賃種別コード欄には、当該搭乗用片が含まれるFare Componentの始点—終点に適用される運賃種別記号が表示される。

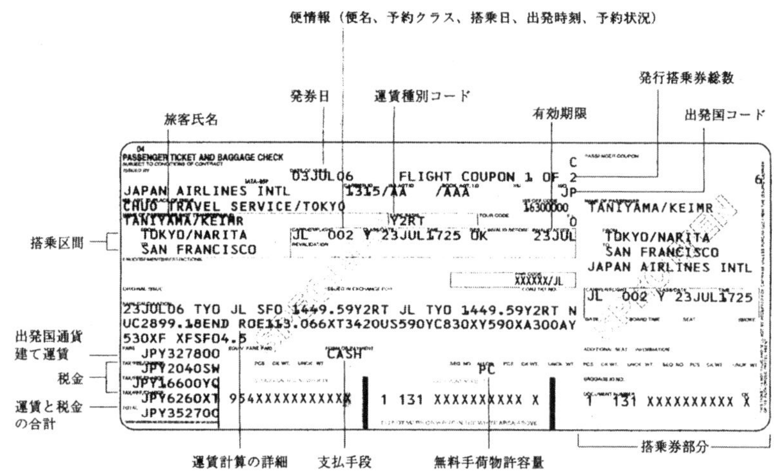

TOKYO—SAN FRANCISCOの搭乗用片（FLIGHT COUPON 1 OF 2）

現在はチケットレスのEチケットが主流となっている。航空界は世界的にもはやEチケットの時代になったと言ってよいだろう。

Eチケット（Electronic Ticket）は電子チケットで、有価証券としての航空券ではなく、コンピューター上の発券記録を明示したメモで1995（平成7）年に登場した。ユナイテッド航空が米国内で「Eチケット」と名付けたチケットレス・システムの運用を始めたのである。このシステムが可能になったのは、コンピューターとクレジットカードのシステム

● 有効期限

・普通運賃は、1年間有効なので、**全区間に対して、最初の旅行開始日23JULの翌日から起算して1年後の同日までが有効期限**となる。1年後の23JULまでに最後の区間の旅行を開始すればよい。各区間ごとにその区間の1年後のまでが有効なのではない。

この航空券を見るとSAN FRANCISCO—TOKYO間も予約が取れているが、普通運賃を利用している場合は予約変更が可能なので、有効期間内であれば、日程をずらすことができる。

・特別運賃は、運賃種別ごとに有効期間が決められている。いずれも、最初の旅行開始日の翌日を第1日目として数える。

● 無料手荷物許容量

搭乗手続きの際、航空会社がbaggage tagを発行し、無料で受託する四客手荷物の許容量（航空会社により許容量や適用制度が異なる場合がある）。

・個数制：太平洋線・グアム／サイパン線

2個まで可。サイズは利用クラスにより異なる。

表示は「PC」

F／Cクラス・・・2個。各々の三辺の和が158cm（62インチ）を超えない。1個の重量は32kg（70ポンド）以下。

Yクラス・・・2個。各々の三辺の和が158cm（62インチ）を超えない。さらに、2個の手荷物の三辺の和の総計が273cm（107インチ）を超えない。1個の重量は32kg（70ポンド）以下。

・重量制：上記以外の路線

ファーストクラス（F／P）	40kg	表示「40K」
中間クラス（C／J）	30kg	表記「30K」
エコノミークラス（Y）	20kg	表記「20K」

● 続く搭乗券片（FLIGHT COUPON 2 OF 2）では、搭乗区間の欄と右1／3の部分にそれぞれの区間の便情報が記入されるが、その他の部分は最初の搭乗片（FLIGHT COUPN OF 2）と同じ内容が印字される。

● 旅客用片（PASSENGER RECEIPT）の右1／3からは全旅程を読み取ることができる。

を融合することができたからだ。

日本では、ANAが同じく1995年に始めた「P2チケット」が電子チケットの前段階で、電話で座席を予約してクレジットカードで決済し、カードを提示して空港カウンターまたは自動券売機で正式なチケットを受け取る仕組みであった。JALは2000（平成12）年に日本のエアラインとしてはじめて国際線に導入する。Eチケットは利用者と航空会社双方にとって大きなメリットがある。これまでの紙の航空券は利用者が万一なくしてしまえば買い直すほかなく、その再発行の手続きも煩雑であった。Eチケットの登場によってチケットを家に忘れて旅行ができないという悲劇もなくなった。何しろかつては海外旅行で、一旦出発した後は、命の次にパスポートが大事、次に帰りの航空券といわれたほどだ。また物であれば旅行保険などでもカバーできるが、現金や航空券は保険の対象外である。それがなくしても予約番号を控えておけば予約便に搭乗でき、予約の再確認、リコンファームも不要になった。

さらに予約確認書をなくしたとしてもパスポートで本人確認ができれば問題ないのである。つまり紙の航空券がないことで、航空券を紛失する心配がなくなったといってもよい。一方、航空会社にとっても、これまで紙の航空券は貴重品扱いのため利用者に書留で送る必要があったが、Eチケット化によりこの手間を省くことができた。加えて、データが電子化されているので、運賃の決済業務などが簡単になったし、統計資料の作成など関連業務での情報がスムーズに流れるようになった。

Eチケットのシステムは、たとえば航空会社、旅行会社で便を予約・支払を済ませると、予約確認書がメール、FAX、郵便などで届き、それが航空券代わりになるというものである。といっても、その予約確認書には効力はなく、要はコンピューター内に予約記録が入っているかどうかが問題になるという性質のものだ。客は、予約・支払を済ませると、お客様控えとしてItinerary/Receiptが発行される。それらを空港で搭乗手続き時に提示すれば、コンピューターに保持された発券データが抽出され、旅客は搭乗券を受け取れる。

Eチケットのltineraryには、全航空旅程が詳細に記載されている。Receiptは、紙の航空券の旅客用片（PASSENGER RECEIPT）と同じ仕様で、左上の発券航空会社名の上にETKTと印字される。

今日、航空券はこのEチケットが主流で、多くのエアラインでは従来の紙のチケットを発券する場合は有料にしているほどである（例えばコンチネンタル航空では2005（平成17）年から5,500円という高額な料金を徴収している）。

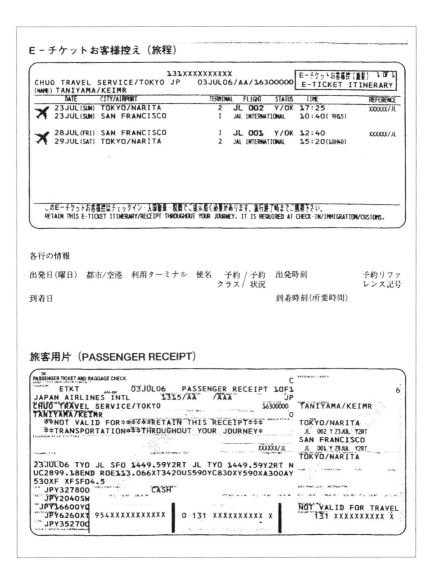

E－チケットお客様控え（旅程）

131XXXXXXXXXX
CHUO TRAVEL SERVICE/TOKYO JP　03JUL06/AA/16300000
E－チケットお客様控（旅程） 1 OF 1
E-TICKET ITINERARY
(NAME) TANIYAMA/KEIMR

DATE	CITY/AIRPORT	TERMINAL	FLIGHT	STATUS	TIME	REFERENCE
23JUL(SUN)	TOKYO/NARITA	2	JL 002	Y/OK	17:25	XXXXXX/JL
23JUL(SUN)	SAN FRANCISCO	I	JAL INTERNATIONAL		10:40(9H15)	
28JUL(FRI)	SAN FRANCISCO	I	JL 001	Y/OK	12:40	XXXXXX/JL
29JUL(SAT)	TOKYO/NARITA	2	JAL INTERNATIONAL		15:20(10H40)	

このE－チケットお客様控はチェックイン・入国審査・税関でご提示頂く必要があります。旅行終了時までご携帯下さい。
RETAIN THIS E-TICKET ITINERARY/RECEIPT THROUGHOUT YOUR JOURNEY. IT IS REQUIRED AT CHECK-IN/IMMIGRATION/CUSTOMS.

各行の情報

出発日（曜日）	都市/空港	利用ターミナル	便名	予約クラス/予約状況	出発時刻	予約リファレンス記号
到着日					到着時刻（所要時間）	

旅客用片（PASSENGER RECEIPT）

PASSENGER TICKET AND BAGGAGE CHECK
ETKT　03JUL06　PASSENGER RECEIPT 1OF1
JAPAN AIRLINES INTL　1315/AA　/AAA　JP
CHUO TRAVEL SERVICE/TOKYO　16300000
TANIYAMA/KEIMR
NOT VALID FOR***RETAIN THIS RECEIPT***
TRANSPORTATION*THROUGHOUT YOUR JOURNEY*
XXXXXX/JL
23JUL06 TYO JL SFO 1449.59Y2RT JL TYO 1449.59Y2RT N
UC2899.18END ROE113.066XT3420US590YC830XY590XA300AY
530XF XFSFO4.5
JPY327800　CASH
JPY2040SW
JPY16600YQ
JPY6260XT　954XXXXXXXXXXX　0 131 XXXXXXXXXX X
JPY352700

TANIYAMA/KEIMR
TOKYO/NARITA
JL 002 Y 23JUL Y2RT
SAN FRANCISCO
JL 001 Y 28JUL Y2RT
TOKYO/NARITA
NOT VALID FOR TRAVEL
131 XXXXXXXXXX X

コラム

渡航の自由化

今では、ごく当たり前の海外への渡航、実は日本では、太平洋戦争中から戦後にかけて、日本政府による強い規制を受けていた。戦後も長い間、いくつかの条件をクリアできる一部の人にしか許されていなかった時代があったことを忘れてはならない。

当時、日本人は業務、視察、留学などの目的がなくては外国に行けなかったこと、さらに国際航空運賃はこれまで見てきたようにIATA（国際航空運送協会）の運賃の建値としてアメリカ方面絡みの路線はUSドル、ヨーロッパ方面にはUKポンドで運賃が設定されていて、それぞれの外貨をまず購入し、それで航空券を購入する必要があった。

しかも、観光旅行のために外貨を購入すること自体が当時の日本では許されていなかったのである。そもそも、パスポート（旅券）を得るには業務、視察、留学、あるいは移住などの目的を持った人がその証明書を提出しなければならない。加えて現在では信じられないことだが、預金残高証明を添付する必要があった。これは後に渡航解禁（自由化）された後も1990年代前半まで続けられた。

「兼高かおる世界の旅」は1959（昭和34）年にスタートしたテレビ番組だが、兼高さんもテレビ局の仕事ということで海外渡航が認められていたのに過ぎない。この時代、一般の視聴者が同じような旅がしたくても、叶わぬ夢だったのだ。

しかし、1963（昭和38）年になって、業務目的の渡航が総額500USドルまで許可される措置を経て、東京オリンピックが開催された翌1964（昭和39）年4月にはじめて一般の市民が職業上の理由や留学、移住ではなく、単なる観光旅行でも自由に外国に行けるような「渡航の完全自由化」が実現する。

この海外渡航の自由化とは、直接的にはOECD（経済協力開発機

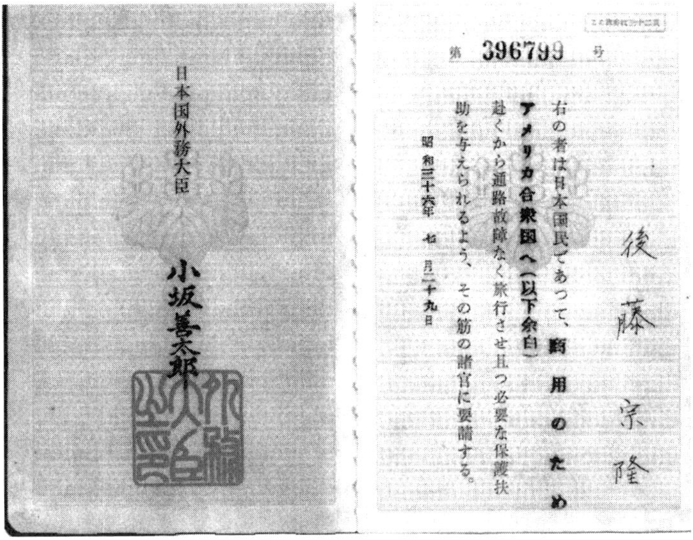
第 396799 号

後藤宗隆

右の者は日本国民であって、商用のため
アメリカ合衆国へ（以下余白）
赴くから通路故障なく旅行させ且つ必要な保護扶
助を与えられるよう、その筋の諸官に要請する。
昭和三十六年 七月二十九日

日本国外務大臣
小坂善太郎

1961（昭和36）年発行の日本国旅券（パスポート）

構）の勧告に従って1964年4月に実施された外為規制の緩和措置のことを指し、その背景には日本の経済成長と輸出入の増加があった。海外旅行の自由化は、このような経済成長や人口構造、それに社会の変化などに関連してもたらされたものなのである。

この渡航の自由化によって1964年に早速約2万人の日本人が海外渡航しており、翌年の1965（昭和40）年には日本発の国際線航空運賃に団体包括運賃（ホテルや観光をセットにすることを前提とした団体割引運賃）が認可され、「ジャルパック」が誕生している。しかし当時、一般的なハワイ旅行は約50万円、現在の価値にして300万円ほどになり、庶民には高嶺の花だったといえる。

当時の為替相場は1USD＝360円、1UKL=1,008円（1967年からは864円）に固定されていた。たとえば羽田ーサンフランシスコ間の航空運賃は、日本で購入してもアメリカで購入してもUSD建てなので、購入場所によっての運賃差もなかった。ともかく日本で100円のジュースが360円もした時代のことだ。

そしてこの仕組みが大きく変わるのは1973（昭和48）年で、為替相場が固定制から変動相場制に移行、IATAは発地国通貨建て運賃制度を導入する。これにより国際線の航空券は現在同様、日本発は円建て、アメリカ発はUSD建てになった。1970（昭和45）年には大阪万国博覧会が開催され、日本は高度成長期にあり、庶民にはかなわなかった海外旅行が徐々に普及し始めてきた頃でもあった。

こうして1970年代に入り、1972（昭和47）年には海外渡航者数が100万人を突破。機材の大型化やドルが変動相場制に移行しての円高や旅行費用の低下が進み、韓国や台湾などの近隣国であれば国内旅行よりも多少高いぐらいの金額で旅行できるようになった。外務省の資料によれば1957～62（昭和32～37）年の6年間に政府が発行したパスポートは41万5737冊にとどまっていたが、それが1978（昭和53）年には年間約350万冊に達するようになった。

さらに1980年代後半のプラザ合意以降の急激な円高の進行と、1988（昭和63）年12月から施行されたアメリカ合衆国訪問時のビザ免除制度などの影響で、海外旅行者が大幅に増加した。1995（平成7）年に一時過去最高の1ドル＝79円台まで進行した円高の際には、国内旅行と海外旅行の費用が逆転するケースが発生するようになり、その後は円安に振れているものの、海外旅行は日本の周辺国への旅行を中心に一般化している。日本国内の旅行よりもなぜ海外旅行が安いかは不詳な点が多いが、一説には現地の物価や人件費の差などが指摘されている。

2001（平成13）年のアメリカ同時多発テロ事件や2003（平成15）年のイラク戦争などの事件直後に、海外におけるテロ行為のリスクがあらためて認識されるようになった際や、同じく2003年のSARS流行、2009（平成21）年の新型インフルエンザ流行など、流行性の病気の感染が懸念された時期には、統計的にも大幅な海外旅行控えが見られたが、その後回復し2016（平成28）年には1,712万人にまで達する状況になっている。

だが、2020（令和2）年1月に国内で感染者が発生してから、瞬く間に全国に広がった新型コロナウイルスの影響は甚大で、海外への渡航、海外からの渡航は大きく制限されることとなり、世界のエアラインは大きな試練を迎えている。

海外旅行者数の推移

昭和 25 年（1950 年）	8922
昭和 35 年（1970 年）	119,420
昭和 45 年（1970 年）	936,205
昭和 55 年（1980 年）	3,909,333
平成　2 年（1990 年）	10,997,431
平成 12 年（2000 年）	17,818,590
平成 22 年（2010 年）	16,637,224
平成 27 年（2015 年）	16,213,767

国別の旅行者数

ドイツ（2013 年）	8110 万人
イギリス	6451 万人
ロシア	4589 万人
アメリカ合衆国	3078 万人
イタリア（2013 年）	2780 万人
フランス（2013 年）	2624 万人
オランダ（2013 年）	1809 万人
日本	1690 万人
台湾	1185 万人

日本航空が発行した日付変更線通過記念証　資料提供：筆者

PROCLAMATION ON CROSSING
THE NORTH POLE
北極通過記念証

Know ye by these presents that

Mr. Munetaka Gotō

has crossed the North Pole on the 31st day of July in the year 1966 aboard Japan Air Lines' DC-8 Jet Courier TOWADA while en route from Copenhagen to Anchorage

松尾静磨
Shizuma Matsuo, President
Japan Air Lines

JAPAN AIR LINES

日本航空が発行した北極圏通過証明書　資料提供：筆者

茲に後藤宗隆様は
KLMオランダ航空の北極航路KL-868便
によって1966年7月25日北極を通過され
※名誉ある北極圏横断者
となられたことを証明いたします

KLM KONINKLIJKE LUCHTVAART MAATSCHAPPIJ　KLM　オランダ航空　KLM ROYAL DUTCH AIRLINES

KLMオランダ航空が発行した北極圏通過証明書　資料提供：筆者

【資料】東京オリンピック時代の国際線（次頁へ続く）

ASIA & TRANSPACIFIC SCHEDULE

JAL

Effective June 1-September 15, 1964

Eastbound from the ORIENT to HONOLULU & U.S. WEST COAST

Hours from GMT	Read Down														
	CLASS														
	FLIGHT NO.	702	454	932	52	712	60	704	452	714	706	66	934	716	68
	AIRCRAFT	CV880	DC-8	CV880	DC-8	CV880	DC-8	CV880	DC-8	CV880	CV880	DC-8	CV880	CV880	DC-8
	DAY	Su	Su	Mo	Mo	Tu	Tu	We	We	Th	Fr	Fr	Sa	Sa	Sa
+7	DJAKARTA Lv					0650				0650				0650	
+7.30	SINGAPORE Ar / Lv		From Europe			0840 / 0930			From Europe	0840 / 0930				0840 / 0930	
+7	BANGKOK Ar / Lv		1035 / 1150			1100 / 1150			1035 / 1150	1100 / 1150				1100 / 1150	
+9	HONG KONG# Ar / Lv	1600	1620 / 1710		1620	1620 / 1710	1620	1200	1620 / 1710	1620 / 1710	1200	1620		1620 / 1710	1620
+8	TAIPEI Ar / Lv	1615 / 1715						1215 / 1315			1215 / 1315				
+9	OKINAWA Lv			1210									1210		
+9	TOKYO Ar	Su 2100	Su 2050	Mo 1410	Mo 2000	Tu 2050	Tu 2000	We 1700	We 2050	Th 2050	Fr 1700	Fr 2000	Sa 1410	Sa 2050	Sa 2000

Hours from GMT	Read Down														
	FLIGHT NO.	802	SUNSET EXPRESS	810	850	SUNSET EXPRESS	804	812	852	862	806	SUNSET EXPRESS	808	SUNSET EXPRESS	800
	AIRCRAFT	DC-8		DC-8	DC-8		DC-8	DC-8	DC-8	DC-8	DC-8		DC-8		DC-8
	DAY	Mo		Tu	Tu		We	Th	Th	Th	Fr		Sa		Su
+9	TOKYO Lv	1000	2200	1000	1930	2200	1000	1000	1930	2200	1000	2200	1000	2200	1000
	International Date Line														
−10	HONOLULU Ar / Lv	Su 2215 / 2359	Mo 1015	Mo 2215 / 2359	Tu 0745	Tu 1015 / 1215	Tu 2215 / 2359	We 2215 / 2359	Th 0745	Th 1015 / 1215	Th 2215 / 2359	Fr 1015 / 1215	Fr 2215 / 2359	Sa 1015 / 1215	Sa 2215 / 2359
−7	SAN FRANCISCO# Ar	Mo 0745					We 0745				Fr 0745		Sa 0745		Su 0745
−7	LOS ANGELES# Ar			Tu 0805		Tu 2020		Th 0805		Th 2020		Fr 2020		Sa 2020	

Daylight Saving Time

1960～80年代にかけて、日本航空（JAL）の国際線・国内線で大車輪の活躍をしたDC8。写真の機材はDC-8-62と呼ばれる仕様で、JALでは1968～1988年に就航していた　写真提供：北島幸司

EUROPE . JAPAN SCHEDULE (Via India)

JAL

Effective June 1-November 30, 1964

EUROPE→ JAPAN

Hours from GMT	Read Down		AF 196	AF 188	JL 452	AF 186	AF 192	AF 172	JL 454
	CLASS		FY	FY	FY	FY	FY	FY	FY
	AIRCRAFT		Boeing 707	Boeing 707	DC-8	Boeing 707	Boeing 707	Boeing 707	DC-8
	DAY		Su	Tu	Tu	Th	Fr	Sa	Sa
0	LONDON *◆◇	Lv			0815*				0815*
+ 1	PARIS	Lv	1040	1040		1040	1040	1040	
+ 1	FRANKFURT ◇	Ar Lv			1025 1105				1025 1105
+ 1	ROME ◆	Ar Lv	1220 1255		1235 1400		1220 1255		1235 1400
+ 2	ATHENS	Ar Lv				1430 1510		1430 1510	
+ 2	TEL AVIV	Ar Lv	1650 1740	1550 1640					
+ 2	CAIRO*	Ar Lv			1740* 1830				1740* 1830
+3.30	TEHERAN ◇	Ar Lv	2225 2325	2125 2225		2005 2105	1950 2050	2005 2105	
+ 5	KARACHI ◇◇	Ar Lv			We 0130 0255		Sa 0050 0150	Su 0105 0205	Su 0130 0255
+5.30	DELHI	Ar Lv	Mo 0455 0530	We 0355 0430		Fr 0235 0310			
+5.30	CALCUTTA	Ar Lv			0615 0655			0530 0605	0615 0655
+ 7	BANGKOK	Ar Lv	1045 1145	0945 1045	1035 1150	0825 0925	0835 0935	0950 1050	1035 1150
+ 7	PHNOM-PENH	Ar Lv					1030 1130		
+ 8	SAIGON	Ar Lv		1300 1400		1140 1240		1305 1405	
+ 8	MANILA	Ar Lv				1455 1540		1620 1705	
+ 8	HONG KONG* ◇	Ar Lv	1510* 1610	1610* 1710	1520* 1610		1455* 1555		1520* 1610
+ 9	TOKYO	Ar	Mo 2055	We 2155	We 2050	Fr 2030	Sa 2040	Su 2155	Su 2050

JAPAN → EUROPE

Hours from GMT	Read Down		AF 193	JL 451	AF 173	AF 197	AF 189	JL 453	AF 187
	CLASS		FY	FY	FY	FY	FY	FY	FY
	AIRCRAFT		Boeing 707	DC-8	Boeing 707	Boeing 707	Boeing 707	DC-8	Boeing 707
	DAY		Su	Su	Mo	Tu	Th	Th	Sa
+ 9	TOKYO	Lv	1115	1420	1115	1115	1115	1420	1115
+ 8	HONG KONG* ◇	Ar Lv	1415* 1525	1730* 1820		1415* 1525	1415* 1525	1730* 1820	
+ 8	MANILA	Ar Lv			1415 1500				1415 1500
+ 8	SAIGON	Ar Lv			1715 1810		1735 1830		1715 1810
+ 7	PHNOM-PENH	Ar Lv	1645 1745						
+ 7	BANGKOK	Ar Lv	1845 1945	1950 2050	1825 1925	1655 1805	1845 1945	1950 2050	1825 1925
+5.30	CALCUTTA	Ar Lv		2140 2220	2010 2045			2140 2220	
+5.30	DELHI	Ar Lv	2200 2240			2020 2100	2200 2240		
+ 5	KARACHI ◇◇	Ar Lv		Mo 0050 0220	2310 Tu 0010			Fr 0050 0220	2205 2305
+3.30	TEHERAN ◇	Ar Lv	Mo 0020 0120		0125 0225	2240 2340	Fr 0020 0120		Su 0020 0120
+ 2	CAIRO*	Ar Lv		0420* 0510				0420* 0510	
+ 2	TEL AVIV	Ar Lv				We 0140 0240	0320 0420		
+ 2	ATHENS	Ar Lv			0440 0525				0335 0420
+ 1	ROME ◆	Ar Lv	0340 0410	0715 0815		0455 0525		0715 0815	
+ 1	FRANKFURT ◇	Ar Lv		1000 1040				1000 1040	
+ 1	PARIS	Ar	Mo 0555		Tu 0730	We 0710	Fr 0750		Su 0625
0	LONDON *◆◇	Ar		Mo* 1050				Fr* 1050	

◇ JL 451, 452, 453, 454: No local traffic between Hong Kong and London; Karachi and Frankfurt.

◇ AF 172, 173, 187, 192: No local traffic between Karachi and Teheran. (local traffic authorized only in case of a stop-over at one or more of the points in question. In such cases, a change of line is not, in principle, considered as a stopover)

◆ JL 451, 452, 453, 454: No traffic between Rome and London.

All flights shown above are operated under a pool agreement between AF and JAL.

* Add one hour to the arrival and departure times in London during Apr. 1 through Oct. 25; in Cairo during May 1 through Sept. 30; in Hong Kong during Apr. 1 through Nov. 1.

◎ AF schedule will be changed slightly on and after Nov. 1.

11

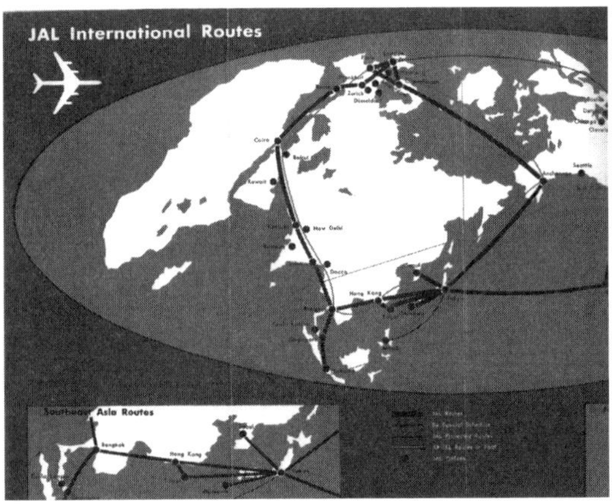

当時の日本航空の路線網

3章

大量輸送時代に入り
割引運賃の導入へ

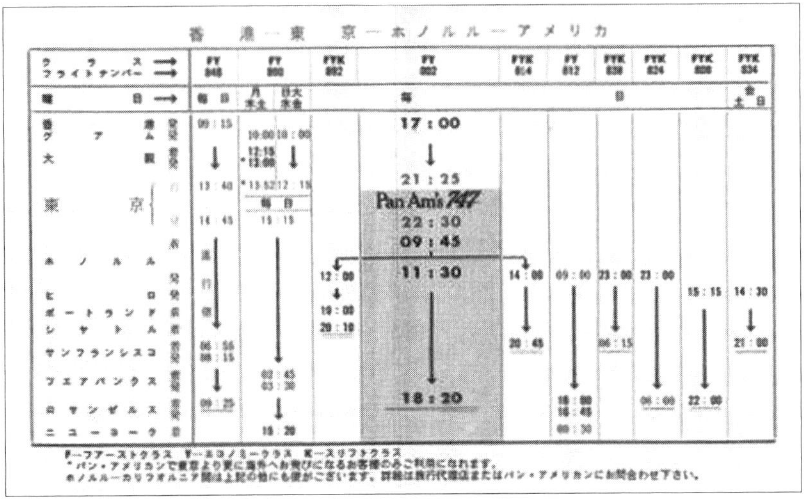

1971年のパンアメリカン航空のアジア線の時刻表。IATAの努力の結果、日本―アメリカ間の航空運賃は安定的に推移している　画像提供：曽我誉旨生

国際線の運賃を決めてきたIATA（国際航空運送協会）は、今日でこそカルテル（複数の会社間で販売価格や数量などを相互に取り決める行為）と同じで運賃の自由化の障害にもなっているという議論もあるが、長い間それなりの役割を果たしてきたというのが私の見方である。IATAの活動の目標は企業の利益のために安全で、定時性、経済性も高い国際航空輸送を発展させること、また国際航空輸送サービスのために航空企業同士が協力することにある。

IATAはこの目標に向かって大きな貢献を残してきた。まず各企業間の連帯輸送が可能となるように、業務方式や手続きの統一、標準化をすすめてきた。世界的に統一したフォームの航空券をつくり、利用者が自国で、自国通貨で一括して運賃を支払えば、どの航空会社を乗り継いでも旅行できるようにした。安全の面では、加盟企業が運航や整備の技術上の資料を交換して研究し合うことにより安全性の向上に寄与している。しかし何と言ってもIATAの活動で最もよく知られているのは、国際航空運賃の協議決定である。

国際航空運賃の決定は、その問題・構造の複雑さから他の機関の手に負えなかった。二国間航空協定でも運賃の決定は、ほとんどIATAに委ねられている。IATAは誰の手にも負えないこの難問を引き受け、よくその重責に応えてきた。

航空輸送を発展させるためには需要を拡大していかなければならない。そのために大きな要件の一つは、運賃をできるだけ安くすることである。それゆえ、IATAの努力の多くはコストを下げることに払われた。IATAの財務委員会は、各社の経理状況を出し合い、お互いのコスト節減のための参考とし、業務方式の改善その他の企業努力でコストの一般的な上

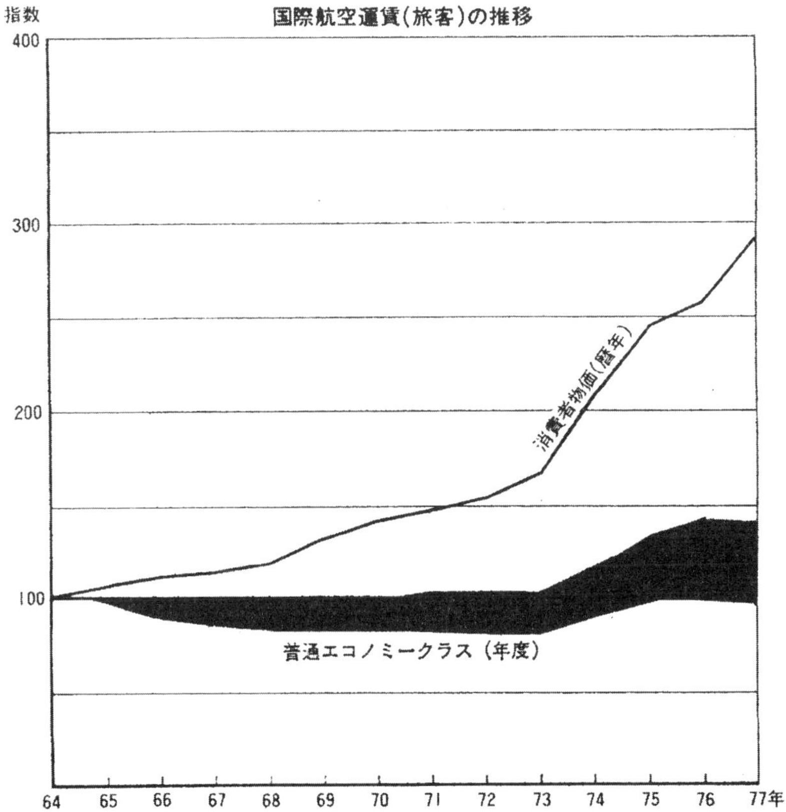

注：航空運賃は大きく地区別に分かれており地区ごとに推移する。

昇をできるだけ抑えてきた。

こうした活動によって、いかにIATAが国際航空運賃上昇の抑制に努めてきたかは実績（表3-1）を見ればよく分かる。わが国の海外渡航が自由化された1964（昭和39）年、東京から米国西海岸（サンフランシスコ、ロサンゼルス）までの普通運賃（片道エコノミー・クラス）は、15万6,600円であった。13年後の1977（昭和52）年のそれは15万2,800円と、実に3,800円下回っている。

東京—ロンドン間では24万4,000円から30万8,800円へと27%のアップ、東京—香港間では5万6,000円から7万6,400円へと37%のアップに留まっている。1964年の消費者物価指数を100とすると1977（昭和52）年は284。これと対比した実質運賃となると1964年の100に対して1977年のアメリカ西海岸行きは34、ロンドン行きが45、香港行きでは48と大幅に下がっている。

ちなみにこの期間の鉄道運賃（キロあたり）の値上がりは約2.9倍、タクシー料金（基本料金）は約3.2倍、バス運賃（一区当り）は実に5.5倍である。

このように、当初は非常に高額な国際線運賃であったものが、その後の世界的な物価の上昇の中でも運賃水準を維持、国によっては自国通貨による購入が可能となったことで実質的に値下げとなる場合も増えてきた。日本もその１つである。しかし、渡航の自由化や経済活動の拡大化などにより航空需要が年々増えていく状況の中、ついにIATAも割引運賃の導入に踏み切ることになる。

各種交通機関の運賃の推移（単位：円）

	国鉄・JR最低運賃	都バス運賃	路面電車運賃	タクシー基本料金
1955（昭和30）年	20	15	10	80
1965（昭和40）年	20	20	13	100
1975（昭和50）年	30	70	50	280
1985（昭和60）年	120	160	140	470
1995（平成 7）年	130	200	160	650
2015（平成27）年	140	210	170	730

1 大型機による大量輸送でIATAも割引へ

IATAが割引運賃の導入を始めた一番の理由は、何といってもジャンボ（ボーイング747）をはじめとする大型機の出現による大量輸送時代に入ったことである。

それは航空会社にとっても1人当りの乗客を運ぶコストの削減ができ、それを運賃の低下にも結び付けることが可能になったことを意味する。まず1970（昭和45）年にジャンボジェット機ことボーイング747が、パンナムの大西洋線に初就航、同じ年ダグラスDC-10、ロッキードのL1011トライスターがそれぞれ初飛行に成功している。世界初のワイドボディ機だったボーイング747が路線就航したことで、それに続けとばかりに、当時のライバル航空機メーカーからもワイドボディ機が続々と初飛行を果たしたのだ。ここに空の大量輸送時代が始まった。

このような中で、あまり知られていないが、国際航空運賃の大衆化、つまり低運賃化にわが国のナショナル・キャリヤー日本航空が果たした役割は大きい。わが国を一躍先進国に押し上げた1960年代初めからの高度経済成長に支えられて、日本航空も戦後の後れをとり戻した。機材を充実させ、経営基盤を強固にしたうえで積極的に需要の開発に乗り出し、増大する日本人海外旅行需要に応えて、他国に先がけ日本発の特別割引運賃の導入をはかった。

日本航空がIATAに提案した最初の本格的な特別運賃はバルク運賃である。これが採択され、1969（昭和44）年に欧州線で実施されたが、普通エコノミー運賃に対し63%という割引率であった。翌70年に太平洋線にも導入されたが（運賃はIATAで採択されたあと、適用路線当事国政府の認可が必要である—後述）、割引率は55%となっていた。次いで、東南アジア線にアフィニティ運賃を提案し、1971（昭和46）年から実施した。その割引率は30%であった。

これらはいずれも団体を条件としたもので、当時の日本人の団体旅行志向という市場のニーズ、利用者の便宜に応えたものである。こうした低運賃、団体旅行の導入が実際のニーズに沿ったものであったことは、その後の爆発的な旅行者の増加が明白に物語っている。今日では低運賃化はアメリカが主導権を持って進めてきたと考えられているが、1972（昭和47）年から73年にかけて、日本航空はすでに米国発の特別運賃の導入もはかっていることは注目に値する。

1960年代のジェット機DC-8。筆者の操縦で那覇空港へ着陸するところ
写真提供：伊藤久巳

大量輸送時代をもたらしたジャンボジェット、写真は筆者のラストフライト。羽田空港にて　写真提供：伊藤久巳

2 航空会社が特別運賃を導入した理由

1970（昭和45）年頃まで世界の航空運賃の主流は普通運賃であった。普通運賃は航空運賃のなかでもいちばん歴史が長く、いわば基本的な運賃である。

普通運賃は、利用者の便宜を主体とし、自由な旅行形態に見合った運賃である。一年前から予約することもできれば、旅行の直前に取消しても取消し料を取られることはほとんどない。旅行の途中で旅程を変えることも自由である。同一運賃内での旅程変更なら航空会社をかえても無料だし、差額があれば差額を精算すればよい。途中降機も自由である。

普通運賃には、座席の広さ、食事その他のサービスの内容などの差によってファーストクラスとエコノミークラスの別がある。料金はもちろん異なるが、旅行形態には変わりなく、普通運賃の旅客はこれだけ広範な自由を享受した旅行をすることができる。

しかしこれらの自由は、航空会社の側にそれだけ多くのリスクを負わせることになる。時間の余裕を持って予約すれば予約を受け付けることができたかもしれない旅客も、満員になった便の出発直前に予約を申し込まれれてしまうと、予約を受けることができない（他社にとられてしまう）ことになることもある。逆に、出発直前に予約を取消されてしまうと、その席は空席のまま飛ばさなければならない。従って航空会社としては、普通運賃の旅客に対しては「隣のお席は空いております」というくらいの覚悟でセールスしなければならなくなる。旅程の再三の変更には職員が多くの時間をとられるし、途中降機もそれだけ職員の手間や雑費がかさむ。

航空会社は、普通運賃についてはこうしたリスクを織り込んだレベルで設定せざるをえない。

これに対し特別運賃は、こうした航空会社側のリスクを軽減し、その損失を補填する役割を果たしている。特別運賃は、航空会社が空席を埋めるために、新しい需要を開発する必要から生まれたものである。そのために普通運賃よりかなり割引されたものとなっている。割引率が50%、60%に及ぶものもある。その代わり特別運賃による旅行には、種々の条件が課せられる。所定の年齢や身分や職業、団体の人数、滞在日数や旅程、途中降機の制限など、特別運賃による旅行にはその種類によってこうした条件が課せられる。

このほかに予約や航空券購入をすべき期間の指定、取消しの制限、すなわち取消しの場合、取消し料をとられるといった条件や、搭乗便の指定のあるものもある。低運賃の見返りにこうした条件を甘受しなければならない。この割引と条件とが特別運賃の普通運賃との違いである。これらの条件を付すことで航空会社は普通運賃の場合に負うリスクを避けることができるし、これらの条件を納得できる旅客は、低運賃を享受することができる。

たとえば途中降機を制限することは航空会社にとって運賃を割引できる要因となりうる。東京からシンガポールに行く旅行で香港やバンコクでの途中降機を認めることは、それだけ職員の手数や雑費がかかることのほかに、一部の区間で他社便を利用されてしまうリスクを負うことになるからである。この場合、いうまでもなく他社便の区間については収入を失うことになる。

特別運賃に付せられた条件は直接目には見えない。機内では普通運賃の旅客も特別運賃の旅客も表面上は変わるところがない。このため普通運賃旅客の側から、安い運賃の旅客が同席し、同じ機内サービスを受けていることに苦情が出される。しかし特別運賃の割引は、その旅行形態に課せられた種々の条件の代償である。一見同じに見えても、普通運賃はオーダーメイドで特別運賃はレディーメイドともいえるのである。

3 各種割引運賃の種類と条件

では、実際にどのような割引運賃が生まれてきたのか、次にその種類と条件についてまとめてみたい。

その前に、正式には割引運賃は、それまでの普通運賃に対して特別運賃といわれている。旅券の用語としては「普通運賃以外のものを総称して特別運賃」と定義している。それらの運賃の種類と条件は次頁の表をご覧いただきたい。

今日、日本には多くの航空会社が乗り入れるようになった。だが、鉄道などと異なり、航空路線には様々な割引運賃が存在するため、空港にも運賃表に類するものは設置されないのが通例。そのため、どのような運賃が存在するか、乗客自身が情報を取りにいく必要がある

規制緩和によって1996年に設立されたスカイマークエアライン。同社も既存の航空会社と同様に様々な割引制度が設定されている

国際航空運賃（旅客）の種類（1979年）

内容＼種類	普通運賃	特別運賃
性質	(1) 有効期間1年 (2) 往復運賃は片道運賃の2倍 (3) 周回旅行用運賃は旅程にもとづき計算 (4) 途中降機、旅行日数等の制限なし (5) 予約取消自由 (6) 経路変更自由（旅行前でも中でも）	種々な条件に応じた割引運賃 （エコノミークラスについてのみ） 種別及び細かい条件により割引率が異なる。
種別	(1) エコノミークラス (2) ファーストクラス エコノミークラスに比べ広い座席、デラックスな食事、無料手荷物許容量などサービス面で差がある。	(1) 職業、社会的な身分による割引運賃 (a) 学生割引運賃 (b) 船員割引運賃 (c) 移民割引、巡礼割引、軍人割引など (2) 航空業界関係者に対する割引運賃 業務知識増大、教育、などの目的による。 (a) 団体旅行引率割引運賃 (b) 代理店割引運賃 (3) 観光旅客市場の開発を目的とした運賃 (a) 回遊運賃Excursion Fares 有効期間、最小必要滞在日数について条件が付せられる。 (b) 個人IT（Inclusive Tour）運賃 航空旅行と目的地での地上手配（宿泊、観光など）が一括された旅行に適用され、滞在日数、最低販売価格、他運賃との結合などに条件が付される。 (c) 団体IT運賃（Group Inclusive Tour＝GIT） (b)の条件のほかに一定以上の集客や旅行中の行動の制約などを条件に割引率が高くなる。一般公募ができる。 (d) バルクIT運賃　ほぼ(b)と同じで大型の団体に適用される。 (4) その他の団体割引運賃 (a) アフィニティ・グループ運賃 会社、協会、クラブなどその団体のメンバーによるグループに対し認められる。一般公募は出来ない。 (b) インセンティブ・グループ運賃 企業がその従業員、代理店等に報奨の目的で行う旅行に適用される。一般公募は出来ない。 (5) その他の個人割引運賃 (a) アペックス運賃 事前購入、有効期間、必要旅行日数、途中降機等の条件と付して設定された個人適用割引運賃。

注）アペックス（Advance Purchase Excursion）は個人旅客のための特別運賃
注）学生割引（ユース）運賃は、12歳以上26歳未満に適用

4章

米国で起きた航空の自由化

これまで見てきたように1970年代の航空産業は各国を代表するナショナルフラグキャリアーを中心に、いわゆる大手の航空会社がその成長を支えてきたといってよいであろう。米国では、パンアメリカン航空をはじめ数多くの歴史ある航空会社が、日本では、日本航空、全日空それに東亜国内航空などの中心的な航空会社が国の運輸政策に支えられ、それぞれの権益を守り通してきたのである。

しかし80年代に入り、航空政策は一変する。空の規制緩和政策が始まったのである。その口火を切ったのが1878年に米国のカーター政権が打ち出した大規模な規制緩和であった。カーター政権は大胆にディレギュレーション（規制緩和）を実行に移すのだが、それは民間航空にかかわる、参入・撤退、運賃などの経済規制を撤廃する「航空規制緩和法」を議会で成立させることから始まった。これに伴って民間航空委員会(CAB)を85年に廃止し、その後の残務は運輸省にゆだねることを決めた。カーター大統領は規制撤廃法の施行に際して、「この法案がもたらす健全な競争によって、サービス、価格といった面で恩恵を受けるであろう。大都市だけでなく、小さな都市、村も航空産業の伸長によって恩恵を受けるであろう。消費者と航空業界にとって、この法案は偉大な一歩となる」とスピーチした。しかし、結果は大統領の描いた「夢」とはまったく反対の方向に向かい、結局大手による寡占、高運賃、安全サービスの低下、労働者のレイオフなどの悲惨な結果をもたらすことになった。

1970年代のマイアミ国際空港。この時期に始まったアメリカの航空規制緩和は世界の航空運賃の潮流を激変させた
写真提供：北島幸司

では、ディレギュレーションで何が起きたかを振り返ってみたい。

まず、新興航空会社や新たなLCC（サウスウェスト航空など以前からあった会社を除く）がおびただしく設立され、参入してきたのである。その数は最大で233社で、それまでの36社から実に6.5倍にものぼり、その結果、競争原理によって運賃は一時的に下落していくことになる。

1 米国での国内運賃と国際運賃の推移

米国（アメリカ）の国内航空の規制緩和後、大手航空会社はハブ空港の強化を図った。それは、ハブ空港での市場支配力を高めると同時に、より広いネットワークを獲得することによって利便性を向上させることで、顧客にとっての自社の魅力度を高める狙いだった。1990年代中盤からはこの種の競争戦略は国際航空の分野で広がった、それは、国際航空の分野でも規制緩和、競争導入が進展したからに他ならない。

アメリカの平均国内運賃は、物価上昇を考慮しない名目では上昇したが、下図からわかるように、実質では大幅に低下した。規制緩和法の成立は1978（昭和53）年だが、民間航空委員会の規制政策が実質的に変

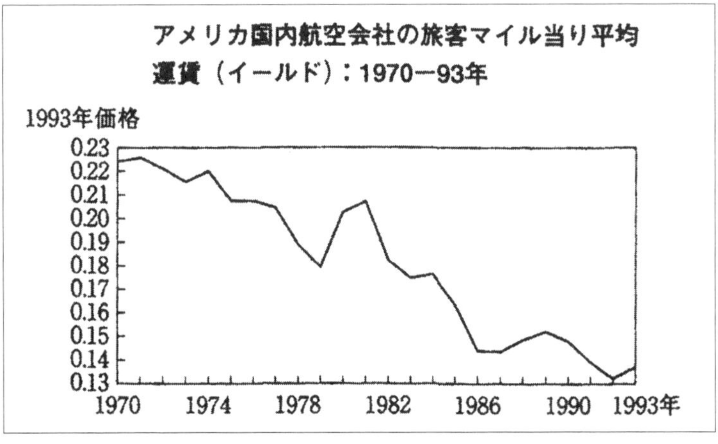

化したのは1975（昭和50）年頃だといわれている。平均運賃はそれ以前も低下傾向にあったが政策変化後の低下は大きく、1993（平成5）年には1976（昭和51）年との比較で約3分の2になった。

一方、国際航空は、もともと強い規制の下で運営されてきた。まず、航空輸送を行うためには原則として二国間の条約が締結されねばならず、さらに事業の開始には政府の免許を必要とした。運賃やサービスレベルの設定にも政府は大きく介入し、しかもこれについては国際カルテルともいわれるIATAによる民間規制が存在した。「国旗を背負った航空会社（Flag Carrier）には、国策を担う「選ばれた用具（Chosen Instrument）」として、特別の地位と待遇が与えられていたのである。

国際航空の規制体質を打ち破ったのは、1978年アメリカの規制緩和法であった。この法律は同国の国内航空の完全自由化を規定したものだが、その影響は２つの側面から国際航空にも及んだ。第一に、規制緩和によって、アメリカの航空輸送において国内航空と国際航空を分離しておくことが難しくなった。パンナムは、国際線に特化した事業者であったが、1978年法による規制緩和を新たな事業機会と捉え、国内輸送への大規模な参入を図った。同社は最終的に国内線の競争の中で消滅するという悲劇の運命をたどるのだが、これに対し国内線のみを運行していた事業者は、これも新たな事業機会を求めて国際線への進出を希望した。航空市場には競争が導入されるべきという点でそれは正しい流れであり、アメリカ政府も1980年に国際航空規制緩和法を制定、国際線での自由化を強力に推進するようになった。

アメリカはもともと、制限的な二国間協定とIATAの国際カルテルには反対の立場をとっていた。パンナムは、相互主義という国際協定の原則を巧みに利用して、国際線での独占的地位を得ていたにすぎない。1980年の法律はアメリカが他国と航空協定を結ぶ場合、自由化を目指したものでなくてはならないとしており、80年代から現在につながる国際航空自由化の強力な推進力となっている。

第二の影響は、航空輸送産業は競争のもとで効率的になり得るという認識が、アメリカ以外の国にも広がったことである。特にヨーロッパは比較的小さな国が軒を接しており、域内の国際線ネットワークはアメリカの国内線に相当する。つまり「国際航空輸送」であるという特殊事情が除かれれば、アメリカの経験から競争は十分に機能すると考えられるようになった。これにヨーロッパ連合（EU）の成立という条件が重なって、ヨーロッパ域内の国際航空はアメリカ国内線と同様の方向に進んでいる。

ヨーロッパの規制緩和は、1987（昭和62）年の第一次共通航空政策（パッケージⅠ）に始まり、1990（平成2）年のパッケージⅡを経て、1993（平成5）年暫定実施、1997（平成9）年完全実施のパッケージⅢによって、少なくとも形の上ではアメリカ国内と同じレベルに達した。すなわち新規参入、路線設定、運賃設定について完全な自由化が実現したのであり、それはヨーロッパ域内の経済と政治の統合に合致するものであった。

航空運賃の低減化にいち早く取り組んだアメリカ合衆国。80年代以降の世界の航空運賃にも大きな影響与えている。写真はアメリカを代表する航空会社・デルタ航空のチェックインカウンター（1970年代）
写真提供：北島幸司

2 大手による寡占体制へ

規制緩和によってアメリカの航空市場は1980年代半ばまで参入が相次ぎ、上位航空会社の市場シェアも低下傾向にあった。この時期には平均運賃も実質で大幅に低下し、規制緩和以前に指摘されたサービス（便数）競争による高頻度・高運賃の市場均衡が、通常の競争による均衡に収斂するものと思われた。

しかし、この流れは1980年代半ばから変化した。この時期からアメリカの航空輸送産業は倒産が多発すると同時に吸収、合併、子会社化の時代に入り、産業全体の寡占化が進行することになる。

表4-2に示されているように、規制緩和が実施された1978年、上位4社の市場シェア（集中度）は57.7%、これが84年には54.7%に低下したが、その後上昇し、91年には62.8%まで高まり、97年には66.0%となっている。さらに集中度の高まりを明確に示しているのは上位12社の市場シェアで、78年の90.8%から84年に82.3%に落ちるが、91年には97.8%まで上昇、97年でも94.4%と高止まりしている。このことは、当時、アメリカの国内航空輸送は実質的に上位12社によってすべてが行われていたことを意味している。

90年代の初期から、アメリカの航空輸送市場は、アメリカンとユナイテッドの2社、あるいはこれにデルタを加えた3社によって支配されるだろうとの予見が各方面から出されるようになった。実際、当時、ノースウェスト、コンチネンタル、USエア、TWAは慢性的な赤字に悩まされており、コンチネンタルとTWAはアメリカ破産法第11条の適用を受け再建中、ノースウェストとUSエアは、それぞれ、KLMと英国航空という外国の航空会社の資本参加によって辛うじて維持された。

その後これら企業の業績は回復し、ニッチ企業から出発したサウスウェスト航空とともに、大手企業の競争相手となったが、絶対的な規模においては未だ小さく、アメリカ航空産業の寡占的な傾向は現在でも指摘されている。

アメリカ国内航空市場構造の変化

1978 年			1984 年		
	事業者	シェア		事業者	シェア
1	United	21.2	1	United	18.7
2	American	13.5	2	American	13.8
3	Delta	12.0	3	Eastern	11.1
4	Eastern	11.1	4	Delta	11.1
5	TWA	9.4	5	TWA	7.1
6	Western	5.0	6	Republic	4.2
7	Continental	4.5	7	Northwest	4.2
8	Braniff	3.8	8	Western	3.9
9	National	3.6	9	Continental	3.5
10	Northwest	2.6	10	Pan Americn	1.3
11	US Air	2.2	11	Southwest	1.7
12	Frontier	2.0	12	Frontier	1.7
	上位 4 社	57.7		上位 4 社	54.7
	上位 8 社	80.4		上位 8 社	74.1
	上位 12 社	90.8		上位 12 社	82.3

1991 年			1997 年		
	事業者	シェア		事業者	シェア
1	United	18.2	1	United	20.0
2	American	18.0	2	American	17.7
3	Delta	14.8	3	Delta	16.5
4	Northwest	11.8	4	Northwest	11.9
5	Continental	9.2	5	Continental	7.3
6	US Air	7.6	6	US Air	6.9
7	TWA	6.2	7	Southwest	4.7
8	Pan Americn	4.7	8	Trans World	4.1
9	American West	2.9	9	American West	2.7
10	Southwest	2.5	10	Alaska	1.7
11	Alaska	1.1	11	American Trans Air	0.7
12	Midway	0.9	12	Continental Micronesia	0.7
	上位 4 社	62.8		上位 4 社	66.1
	上位 8 社	90.5		上位 8 社	89.1
	上位 12 社	97.8		上位 12 社	94.9

3 急増した航空事故により多くの会社が倒産

アメリカで1978（昭和53）年に施行された規制撤廃法案の目的は、自由競争を促進して、国民に便利で低価格な航空輸送を提供することだった。この政策によって、前にも述べたようにおびただしい数の新規航空企業が参入し、それまで36社だった航空会社は233社に急増した。しかし、その後残ったのは76社、しかも航空市場を牛耳っているのは、ユナイテッド、アメリカン、デルタ、ノースウェスト、USエアの大手5社で、この5社で全輸送旅客数の80%を占有するようになる。それに加えてユナイテッドとUSエアが合併し、航空業界の寡占化は一層進んでゆくことになった。

その結果、航空自由化後、一時は運賃低下が続いたが、一転これら大手による寡占化を背景に、航空運賃の上昇が目立ち、1999（平成11）年11月に米労働省が発表した物価統計によると、年初の1月から10月にかけて年率換算で13.2%の上昇となった。「格安」を売り物にする中小事業者相手に、大手が攻撃的な値引き競争を仕掛け、自由化開始時点に約30あった主要航空会社が12に減少し、大手の独占路線では自由化開始時点より運賃が上がったケースも少なくない。不採算路線は切り捨てられ、一時は便利になったローカル線の実態も元に戻りつつあった。一方、規制緩和の最初の6年間で整備費は30%削減され、FAA（米連邦航空局）が摘発した安全基準違反は、1984（昭和59）年に2万8864件だったものが、1987（昭和62）年には6万3191件と2倍以上に急増した。

そして何より問題なのは、この中小の航空会社が消えていく過程で航空事故が相次ぎ、多数の利用者がその犠牲になったことである。共通した事故原因の一つには、生き残りをかけた競争に勝ち抜くため各社が運航や整備などにかかる経費を切り詰めすぎたからことが挙げられる。

それを象徴するのが、有名なバリュージェット社の事故と倒産劇であ

1970年代のサンフランシスコ国際空港。ターミナルの入口上部には1982年に倒産したブラニフ航空の標記が見える　写真提供：北島幸司

る。同社は、1993（平成5）年に航空機2機で開業。わずか3年で保有機数51、運行便数320と大躍進を遂げた。運賃を徹底的に引き下げるため、機内食、座席指定、搭乗ラウンジ、FFP（積算ポイント）などのサービスはいっさいなく、人件費も徹底的に抑えられた。

パイロットは予定通りにフライトを終了した場合だけ給与が支払われるので、整備や天候に問題があってもフライトを強行した。整備はすべて外部のリペア・ステーション（FAAの認定工場）に回し、コストのかかる自前の整備場や部品倉庫、整備士は持たないという徹底したものだった。

1980年代から90年代にかけて、このような新興航空会社が続々と生まれ、あの冬のワシントンのポトマック川に墜落したエア・フロリダをはじめ、ピープルエクスプレス、ノースイースタン航空の事故などが悪夢の一時代を生むことになった。

航空規制緩和後、新興航空会社は急成長していったが、それに反比例して安全性は低下していった。バリュージェット社の緊急着陸の回数は、1994（平成6）年は15回だったのが、翌年には59回と急増する。ほとんど1日おきに緊急着陸を繰り返した時期すらあり、大事故の発生は時間の問題とされていた。整備作業には18社の下請けがあり、そこからさらに約50社の孫請けへまわされ、航空機の品質管理は下落の一途をたどった。

そして、ついに起こるべくして大事故が起こった。1996（平成8）年5月、マイアミでDC-9型機が沼地に墜落し、105人の乗客と5人の乗員が死亡した。この事故の現場は湿地帯でワニも多く生息するため乗客の捜索活動が難航し、連日センセーショナルでショッキングな報道が流れたのも記憶に新しい。

事故原因は、144個の緊急用酸素発生装置が収められた5つの段ボール箱が前方貨物室に積み込まれ、それが飛行中に発火してコックピット内に煙が充満し、パイロットが操縦不能におちいったことだった。搭載してはならない危険物がチェックされないまま積み込まれたという。加えて貨物室で火災が発生するとコックピットにそれを知らせるはずの煙検知装置が装備されていなかった。この事故は安全対策のイロハも無視したずさんな運航が直接原因だった。このバリュージェット社の事故を契機に、安全規制の必要性が見直され、民間企業を監督するFAA（米連邦航空局）の組織改革と目標理念が変更された。

アメリカでは1958（昭和33）年に連邦航空法が制定されたが、そのなかでFAAの組織目標は「民間企業を監督し、育成すること」であり、安全に関する項目は条文の下に書かれていた。連邦航空法は、あくまで航空産業の発展に主眼が置かれていたのである。別の項には「航空会社が過重でない負担により適切にして経済的で効率的なサービスを提供できるよう奨励する」とあり、その性格がいっそう明らかだ。

元来、アメリカの航空界は、安全性をつかさどるFAAと航空業界の発展と育成を図るCAB（民間航空委員会）が両面から支えてきたのだが、カーター政権が1978（昭和53）年に始めた規制緩和の政策によって、1985（昭和60）年にCABが廃止される。そしてFAAの組織目標である「航空業界の育成」の役割が強められ、もう一方の民間企業の監督という任務がおろそかになっていく。ここにバリュージェット社の悲劇の背景が生まれた。ところが、この事故がその後FAAの目標から「航空業界の育成」という項目を撤廃する役割を果たすのだから、皮肉な運命である。

かつては、日本と北米を結ぶ代表的キャリアだったノースウェスト航空も、歴史の荒波に消えていった（ボーイング757-200） 写真提供：JA8772

4 日本への影響は

この米国の規制緩和の波は、当然ながらヨーロッパや日本にも広がっていった。まず、当時の鈴木善幸内閣は「増税なき行政改革」を目的に（と称して）臨時行政調査会（第二臨調）を発足させ、臨調政策は次期の中曽根内閣へと引き継がれた。真っ先に焦点になったのは日本航空である。日本航空民営化方針が浮上した（この臨調政策は、航空界では日本航空だけに襲いかかったわけではなかった）。

1983（昭和58）年に発表された第二臨調第四部会報告は、「日本航空は国際線を独占的に委託されている企業でありながら、経営の現状は高度成長体質から脱却しておらず一般民間企業よりはるかに恵まれた給与体系、労働条件を採用して、世間の批判を受けているので先発企業として他の企業の模範となるような効率的運営を行うべきである」と述べて、大「合理化」を要求した。

これを受けて高木養根（やすもと）社長（当時）は記者会見で、「合理化すべく全社を挙げて取り組む」「企業体質の強化こそナショナル・フラッグ・キャリアとしての責務」と言明した。翌84年に政府は行革大綱を閣議決定し「（日本航空については）今後とも人件費、事務費の抑制等を強力に推進し効率的な経営の確立を図る」と決定した。

1985年に運輸省は運輸政策審議会にたいして「わが国航空企業の運営のあり方に関する基本方針について」検討することを諮問した。同85年12月には運輸政策審議会が中間答申をまとめ、①日本航空の民営化、②国内線の競争促進、③国際線の複数社体制、を提起した。これを受け、閣議では〈45－47体制〉の廃止を確認した。これによって戦後30年余にわたって日本航空の経営基盤を支えてきた日本航空株式会社法が廃止され、本格的な競争促進政策が航空業界に導入されたのである。

しかしながら、これらの規制緩和の推進と相まってJALでは1982（昭和57）年の羽田沖事故（機長の逆噴射）や1985（昭和60）年の123便事故（御巣鷹山事故）を起こしてしまう。123便では圧力隔壁の修理ミスを整備陣が見落とした結果だけに、果たして整備体制の合理化が関係したのかどうか検証を行うべきであろう。

航空旅客数の推移(国内の航空会社の合算)

年度	国際旅客数	国内旅客数
1970	1,710,854	15,427,124
1971	2,081,595	16,381,351
1972	2,355,631	18,830,301
1973	2,661,252	23,516,316
1974	2,378,591	25,256,327
1975	2,683,024	25,444,673
1976	3,357,344	28,246,440
1977	3,826,436	32,884,940
1978	4,517,615	37,100,740
1979	4,902,940	41,359,676
1980	5,024,357	40,423,731
1981	5,511,134	42,099,414
1982	5,633,417	40,483,386
1983	5,705,542	40,835,834
1984	6,299,755	44,717,010
1985	6,560,303	43,776,213
1986	7,272,823	46,364,861
1987	8,530,059	50,045,002
1988	9,778,068	52,945,405
1989	10,538,867	60,120,413
1990	10,362,424	65,252,100
1991	11,055,605	68,686,899

年度	国際旅客数	国内旅客数
1992	11,058,002	69,687,002
1993	11,455,741	69,583,675
1994	12,736,569	74,547,307
1995	14,559,476	78,100,754
1996	15,627,417	82,131,150
1997	15,729,919	85,555,102
1998	16,290,125	87,909,635
1999	17,830,918	91,588,958
2000	19,543,017	92,872,663
2001	16,904,560	94,579,391
2002	17,891,268	96,662,083
2003	14,454,407	95,487,098
2004	18,274,072	93,738,527
2005	17,676,165	94,489,764
2006	17,409,699	96,970,545
2007	17,680,571	94,848,928
2008	15,885,501	90,661,714
2009	15,399,713	83,872,028
2010	13,706,946	82,210,928
2011	12,594,271	79,051,638
2012	14,209,160	85,996,349

資料）国土交通省「航空輸送統計年報」より作成

5章

航空の自由化で生まれた多種多様な運賃

1 日本での規制緩和

米国の規制緩和の流れを受け、日本でも日本航空の民営化の方向が固まるなどの動きが出てきたことは前章に紹介してきたとおりである。1980（昭和55）年頃から日本でも競争促進政策に移行していった。

1985（昭和60）年に、運輸政策審議会（運政審）が競争促進を重点とした中間報告を、翌86年には最終答申をおこなった。これ以降「国内線のダブル・トリプル化」、「国際線の複数社体制」などが具体的にすすめられた。

運輸政策審議会は1991（平成3）年に「今後の国際航空政策のあり方について」と題する答申を加えた。この答申は、「外国航空企業との競争力を強化するために、不足する日本人乗員を補う方策として外国人乗員の採用を積極的に検討せよ、機材不足への対応としてはウェットリースや運航委託などを促進せよ、運航コスト削減のためにアジアブランドの企業を積極的に採用せよ、輸送力の強化のためにチャーター専門会社や貨物専門会社を積極的におこせ、国際線旅客の掘り起こしをめざして国際線ゾーン運賃を検討せよ」などなどの航空政策を大胆に打ち出した。

そしてこれらの政策を実現するために、邪魔になる様々な規制を緩和することも要求した。それまでの「競争促進政策」が「規制緩和政策」と称されるようになるのはこの頃からである。運政審が自ら「規制緩和が必要」とも述べている。

このとき、運政審は「激しさを増す国際競争」という言葉を使ったが、実際には米国の国際競争力強化政策のことである。米国の「規制撤廃政策」は、国内線では「規制撤廃」であっても、国際線に関しては「競争力強化政策」である。もっと具体的にいえば、日本のような市場価値の大きな空港や路線に、米国の巨大航空企業を大量に投入して、高い占有率を確保しようということであり、そのために相手国の市場開放を強く求めているのである。米国のこの姿勢は日米航空協定交渉によく表れている。

航空協定というのは、国家間の航空輸送力や営業路線の調整をする2国間協定である。航空機の大きさや便数、航空企業、また乗り入れを許可する空港などを2国間で取り決める。日米航空協定は戦後1954（昭和29）年に締結されて以来、沖縄返還にともなう改訂以外に基本的な枠組みは一度も改定されたことがない。幾度も改定交渉がおこなわれているが、その都度「暫定取極」を重ねているのみで骨格は変わっていない。協定は戦後の戦勝国と敗戦国という圧倒的に差のある力関係のもとで、米国の要求を丸呑みするような形で締結された、きわめて不平等な協定である。

米国の経済状況からみれば、ドル箱である太平洋路線の占有率を上げることは、航空政策としてはきわめて重要な課題であり、そのためには運賃のダンピング攻勢をかけて、旅客を獲得するとともに、米国のメガキャリアのために、成田など国際空港における大幅な発着枠解放を要求している。日本側からいえば不平等の拡大でしかない。

しかし運政審は、日本政府に対して協定の平等化を求めるものではなく、米国の要求通りに日本の政策を変更することを求めたのである。これは米国が自国の産業に有利な条件を求める、空の開放政策ともいうべき「オープン・スカイ・ポリシー」に無条件に従ったといわれても仕方がなかった。自国の航空産業を擁護・育成せず、アメリカの要求を受け入れやすくするための政策変更を要求したのである。

この運政審答申にもとづいて、航空産業と航空行政は「規制緩和政策」に向かって競争を加速させた。それはバブル経済が破綻して景気が冷え込みはじめた時期であり、答申にもとづく各社の事業規模拡大が急速に矛盾を大きくしてゆく。その矛盾をさらなる「規制緩和政策」の推進という、事業規模拡大を誘導する競争政策で解決しようというのだから、当然、矛盾の上塗りになる。

2 外国人乗員に頼った運航

このときの規制緩和は、実は現在問題となっているパイロット不足（パイロットの絶対数が多い1960年代生まれの世代が大量に退職するので「2030年問題」ともいわれている）を生み出した一因ともなっている。

当時JALもANAも大規模な事業計画を策定し、計画達成のために外国人乗員を大量に導入。その理由として「競争力強化のためと、将来予想されるかなりの多くの機長の定年退職に対応するため、自社での養成だけではとうてい間に合わないので、大量の外国人乗員を導入することが不可欠である」と強調した。

このときから30年以上も経った今日、再び国交省は同じ理由を述べ、パイロット不足に外国人パイロットで対応しようとしている。誤りは、米国をはじめとする国際的なオープンスカイ政策や規制緩和に対し、自国の航空産業構造を強化して臨む方向ではなく、不平等な米国との2国間協定に異議をはさまず、むしろ迎合する形で、その場しのぎの方策で対処してきたことである。

その結果、現在パイロット不足という深刻な状況を発生させている。当時はまだ日本の労働条件に魅力を感じてやってくる外国人乗員が多かったが、現在では海外の方が賃金が良くなったため、日本で働く外国人パイロットの確保が難しくなっている。国交省はそれを、飛行経験時間の短縮など、さらなる規制緩和で乗り切ろうとしているが、いつまで経っても同じことの繰り返しで、抜本的なパイロット養成の拡大策が打ち出せないままである。

1980年代に世界的に広がったオープンスカイ政策に対して、長期的ビジョンを持ってパイロットの継続的養成と拡大を行っていれば良かったものを、1984（昭和59）年10月には当時の総務庁が出した第4次行政監察報告と勧告で日本航空に対し「副操縦士が多すぎてパイロット全体に余剰があるので見直せ」と要求した。しかし、一方で外国人乗員は約60人雇用されていたのである。加えて、国の事業として行っていた航空大学校の事業縮小と独立行政法人化という誤った政策を行ったことも今日のパイロット不足の原因にもなっている。航空大学校には経費がかかりすぎるから民間企業の自社養成を中心にすべきとの意見に押しきられた形での措置であった。

しかし、2010（平成22）年のJALの経営破綻とそれにともなうナパ運航乗員訓練所の閉鎖など、民間企業での養成数は大幅に低下し今日に至っている。そもそも外国人乗員の削減は、当時から航空各社の組合からも強く要求され、政府も国会で何度もそれを約束してきたいきさつがある。理由は日本人パイロットとのコミュニケーション不足や日本での乗務経験不足からくる安全性への不安からであった。実際、2014（平成26）年4月にはLCCのピーチ・アビエーションで、日本の管制に不慣れな外国人機長が沖縄那覇空港の進入で海面にあわやという重大インシデントを引き起こしている。

少々外国人パイロットについての記述が多くなったが、私の専門分野であり、オープンスカイ政策への対応の失敗例として紹介させていただいたのでお許し願いたい。

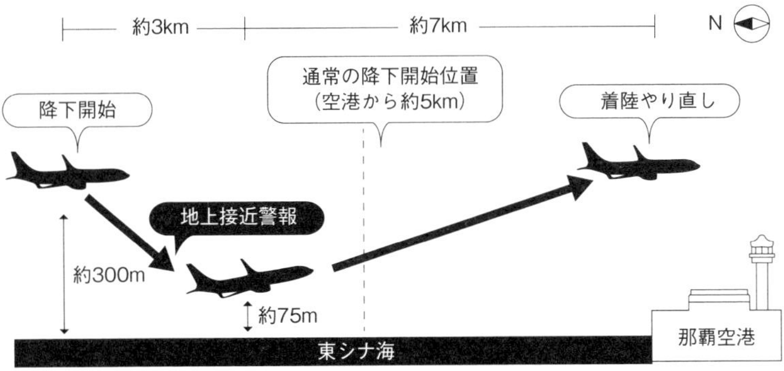

ピーチ・アビエーション機で発生した異常降下

3 日本のオープンスカイ

ともあれ各種の規制緩和を伴い、日本でも航空の自由化、オープンスカイ政策がはじめられた。その経緯をレビューしたい。航空の自由化とは、従来は政府が二国間交渉で取り決めていた国際航空路線の便数や運賃を、航空会社が自由に設定できるようにすることで、1992（平成4）年に米国とオランダの間で締結・実施された。以来26年。現在、何らかの形でオープンスカイに移行したのは世界約120カ国・地域に上り、世界の大勢となっている。

オープンスカイは運賃値下げなどのメリットがある一方で、公平な競争環境が保たれないデメリットも指摘されるようになっている。日本にとってのオープンスカイの意義や是非を考えてみたい。

当初、日本はオープンスカイに慎重だった。国土交通省が初めてオープンスカイ協定を結んだのは2010（平成22）年。米国からほぼ20年遅れだった。日本が消極的だったのは、羽田、成田の首都圏2空港の発着容量に制約があって自由な新規就航や増便ができないことのほか、航空業界の利益を守る意味合いが強かった。2000年代、オープンスカイで海外LCC（格安航空会社）に自由参入してこられれば、国に守られた形の日本の航空会社は太刀打ちできないとされていた。

しかし、オープンスカイに反旗を翻すのは、空の世界の“鎖国と同じ”である。日本への入り口を狭めることは、観光先進国をめざす国の施策にも反する。米国の求めに応じて航空自由化に移行した2010（平成22）年以降、国交省は既に世界30以上の国・地域と協定を結んでいる。

歴史を振り返れば、オープンスカイは米国政府が自国航空業界の権益を拡大する目的で世界に広めてきた経緯を持つ。政府間交渉には相応の時間がかかり、スピーディーな路線設定は難しい。民間に委ねれば需要に即応でき、世界一の航空力を持つ米国は“空の覇権制覇”が可能と目論んでいた。

オープンスカイは9段階に分かれる。最初の段階は、相手国の領空を無着陸で通過する権利。5段階目からが本当の意味の自由化で、相手国で積み込んだ（搭乗した）旅客や貨物の第三国への輸送（以遠権）が認められる。最終の9段階では、他国で乗せた旅客を他国で下ろす権利、つまり外国航空会社の国内運航も認められる。さすがの米国も、最終段階は認めておらず以遠権までとなっている。

日本は多くの空港で5段階の以遠権を認める。しかし、羽田はオープンスカイ対象から外し、成田は以遠権を認めないなど一定の制約がある。

航空業界はオープンスカイで大きく変わった。自由競争の時代に勝ち残る手段として、無駄をなくすコードシェアによる共同運航が常態化した。ワンワールド、スターアライアンス、スカイチームの3大アライアンス（国際航空連合）を主軸に航空ネットワークが組まれる。空の話題をにぎわすLCCの台頭もオープンスカイの成果といえる。

オープンスカイ政策の実施により、JAL、ANA、JASの3社寡占体制に風穴が明けられ、しばらく航空運賃の値下がりが続くようになった。写真は1980年代のJALの機材（ボーイング747）　写真提供:JA8772

4 航空運賃の規制緩和

わが国の航空運賃は、1970年代から1980年代半ばまでは、既に述べたようにジャンボジェットのような大型機の登場に支えられて、比較的安定して推移してきた。それは利用者の側にも航空運賃はもともと高いものであり、その安定は高止まりであるとの認識が根強かったことにもよる。その結果、日本も1980年代半ばから規制緩和の方向に向かったものの運賃競争は置き去りにされ、利用者の不満が増していく原因になった。

わが国の航空政策は、1986（昭和61）年を一つの分岐点としている。それ以前には、航空法の規制に加えて閣議決定や大臣示達によって航空三社の事業分野が固定されていた。86年の政策転換によって、国内線については同一路線の複数社化が進められたが、運賃について不満が残る結果となった。

1986年の政策転換以降も常に問題とされてきたのは、たとえ複数の航空会社が同一路線で競争していても、運賃規制の結果、実質的な競争が生じていないことだったた。運賃規制は1999（平成11）年の航空法改正（2000年2月施行）によって事前届出制に移行するが、旧航空法においては認可制とされ、企業にかかわらず「平均原価に等しい運賃」を課すこととされていた。この場合、平均原価とは路線別の原価であり、複数社が営業していればそれらの平均であることを意味する。

「硬直的な運賃」に対する批判を受けて行政当局は航空運賃についても設定の弾力化を認めるようになった。その第一弾は1985（昭和60）年5月に実施された営業割引の弾力化である。すなわち、割引率5割までの営業政策的な割引については、事前届出制とすることで競争的な運賃設定を促した。航空各社は、「早割」（はやわり）などの名称で事前購入型の運賃を導入、需要の確実性の確保を目指した戦略を展開した。

規制緩和以降のアメリカの航空会社が、座席利用率（ロード・ファクター）の向上を目指して、複雑な価格戦略をとったことはわが国でも多く報じられているが、85年の営業割引の導入によって、わが国の航空会社もこの方向に一歩踏み出したのである。

一方、規制政策という観点からすれば、割引運賃設定の弾力化は、本格的な規制緩和に向かうステップである。アメリカの規制緩和は1978（昭和53）年の法律によって本格的に始まるが、出発点となったのは、やはり規制運用による割引運賃の導入であった。アメリカン航空のスーパ・セイバー、テキサス航空のピーナッツ・フェアなどの割引運賃がそれであり、当時規制にあたっていた民間航空委員会は、1976（昭和51）年頃からこれらの割引を認めるようになった。割引運賃は、旧来の画一的な料金では航空を利用することのなかった客にも利用が可能になることから、旅客全体の満足度の向上に寄与する結果になったのである。

運賃設定の自由化として次に採用されたのは、幅運賃制の導入だった。幅運賃制の仕組みは、簡単にいってしまえばその名のとおり、一定の幅を設定しその範囲内での普通運賃設定の自由を事業者に与えるものである。航空会社は、需要の動向、競争相手の航空会社の価格政策を考慮しながら、独自の運賃を設定することができる。例えば、繁忙期には相対的に高い運賃、閑散期にはセールス・プロモーション用の運賃など、期間別の弾力的な運賃設定が可能になる。また、期間別に設定された運賃それぞれに対し、事前購入割引をはじめとする各種の割引運賃を導入することもできる。

運輸省（現・国土交通省）が主導する航空運賃の政策転換によって、国内の航空運賃は多様化・低減化し、航空需要の拡大につながっている

5 輸入航空券

高い水準で固定されていた日本の国際航空運賃を崩したのは、80年代後半に現れた「輸入航空券」だった。

世界の航空運賃は、ジャンボ機の導入と航空自由化で70年代に急速に下がったものの、日本発の国際線の運賃は一向に下がらなかった。しかも、80年代に入って日本の円高は急激に進み、内外価格差は一気に広がった。海外旅行のたびに、世界の航空運賃の安さに驚くとともに、日本ではなぜその恩恵を受けられないのかとの不満が高まりだし、格安航空券へと流れる消費者が増えた。

それでも日本で国際航空運賃が高値を保っていたのは、当時の運輸省の航空政策と、JALによる国際線の独占のためである。日本は海に囲まれて他国から完全に隔離されており、自立した政策を採りやすい。陸地でつながっているヨーロッパなどとは置かれた環境が大きく異なるのだ。行政当局の政策で航空業界を左右できるだけに、エアラインだけを擁護し、国民の利益を蔑ろにしていた行政の責任は重い。

一方、日本の円高はますます進み、1985（昭和60）年の主要5カ国蔵相による「プラザ合意」の声明を受けて、円は一気に上昇する。声明当時、1ドル240円台だった円は1年半で140円台にまで急騰した。日本人は輸入品の価格が月ごとに下がるメリットを喜んだが、国際航空運賃の価格はなかなか下がらなかった。JALが値下げに消極的なために、IATAが運賃改定に積極的に取り組まなかったことによる。

そのため、「方向別格差」が顕在化した。日本発海外行きの運賃と海外発日本行きの運賃に差が生じ、その格差がエコノミー運賃でも10～15万円にも達したのである。格差是正を望む声に対して、運輸省は「格安券の攻勢などで国内航空会社の経営状況が厳しいなかで、方向別格差を是正するのは厳しい」と放置した。

ところが80年代後半に、この間隙を縫って新たな商法が現れた。内外価格差を利用し、海外都市を発地にして日本を経由する正規航空券を発券し、日本の依頼主に届ける「輸入航空券」が販売され始めたのである。米国行きを計画している日本人に、香港などから日本往復の航空券を加えて発券し、香港－日本間のチケットを捨てて、日本－米国間のチケットを使用する。重要なのは、これは立派な正規航空券であることだ。多くの企業がこれに飛びついた。

慌てたエアラインは対応に苦慮した挙げ句、一部のエアラインが「違法」を理由に搭乗を拒否した。根拠はIATAの運賃規則では「一連の航空券はつづられた順番通りに使用する」と定められており、2枚目からの使用は不正使用にあたると主張したのである。そして、監督官庁の運輸省がためらわずにエアラインを擁護した結果、JALは過去最高の利益を謳歌していた。

これが利用者の不満に火を付けた。「内外格差を還元せずに利益をむさぼって、輸入航空券の利用者を犯罪人扱いにするのはおかしい」との声があがるようになり、マスコミもこぞって批判した。円高に苦しむ企業を多く抱える財界からも、国内エアラインの姿勢を批判する批判が噴出した。輸出企業は円高で採算が悪化して、血のにじむような努力をしているのに、航空会社は国際線を独占している立場を利用して、「棚からぼたもち」の利益を利用者へ還元せずに享受するのは不条理だとの意見が強まった。

さらに、1992（平成4）年には公正取引委員会の諮問機関である「政府規制と競争政策に関する研究会」から、「国際線の割引運賃のカルテルを独占禁止法の適用対象から外している制度を見直し、自由な競争を促進するよう」提言を受けた公取委が、ついに航空運賃の自由化を要求したのであった。

6 航空各社による新運賃制度

公正取引委員会が航空運賃の自由化を要求する事態になってようやく運輸省は軌道を修正し、1994（平成6）年に日本発着の国際線運賃は大きく変わった。ちなみに1994年は関西国際空港が開港した年でもある。

それまで日本発着の公の国際線の航空運賃は、そこを飛ぶ全社に適用される共通の運賃しかなかったが、各航空会社が自由に運賃を決める制度が始まったのである。運輸省は、まず実勢価格と大きくかけ離れていたエコノミークラスの正規運賃を実態に近づける新運賃制度を94年4月からスタートさせた。新たに個人の包括旅行運賃（IIT）と割引運賃（新PEX）を設けるとともに、IATAの統一運賃に一定の幅を持たせ、その範囲内であればエアラインが自社の裁量で価格を設定できる「ゾーン制」を導入した。これが「ゾーンペックス」（特別回遊運賃）である。運輸省が正式に認めたことから「正規割引運賃」となった。

ではこの新運賃制度の中味はどのようであったか。

実はそれまでも日本から直行便が飛ぶような区間には、ペックス運賃（Instant Purchase Excursion Fare）という条件付きの往復割引運賃があった。条件とは期間、ルート、購入方法などで、予約から発券までの期間も限られていたほか、普通運賃と異なり季節によって額も異なっていた。しかし、この運賃はその区間を飛ぶすべての航空会社に適用されたので、たとえば成田－香港間の場合、行きはJAL、帰りはキャセイパシフィック航空などというような使い方が可能な運賃であった。そして新運賃制度では、このペックス運賃の額の65%を下限として、そこを飛ぶ航空会社が自由に運賃を設定できることになったのである。

この結果、従来の割引運賃のペックス運賃との混同を避けるために、従来のものをIATAペックス運賃（各社共通）、新たに設定されたものをゾーンペックス運賃と呼ぶことになった。しかしIATAペックス運賃は、自由度は高いものの高額なために利用者は少なく、一般にゾーンペックス運賃を単にペックスと呼ぶことが多くなっている。

具体的には、ある区間のIATAペックス運賃が10万円の時期であれば、ゾーンペックス運賃は6万5,000円以上の価格であれば航空会社が自由に設定でき、それが公の運賃として認められるというもので、たとえばA社はその区間に毎日のフライトがあるので8万円、B社は深夜発着なので7万円、C社は週便しかないので下限近くの6万7,000円などという設定になった。この仕組みは、格安航空券そのものといえる内容だ。

またゾーンペックス運賃というのはあくまで制度名で、運賃には各社ごとにニックネームがあった。JALは「JAL悟空」、ANAは「とび丸運賃」(現在は「G•E•T」を経て「エコ割」)、ユナイテッド航空は「フレンドリー・ペックス運賃」(現在は「GO UNITED FARES」) などである。余談だが「とび丸」のマスコットは、当時ANAが佐藤工業とともに運営していたサッカー・Jリーグの横浜フリューゲルスのキャラクターとしても使用されており、ムササビをモチーフとした可愛らしいデザインが人気を集めていた。サッカーチームやマスコットの知名度を生かした航空券のPRのスタイルも当時話題となった。

一方、団体包括旅行運賃 (GIT) は1998 (平成10) 年に下限も撤廃されて、パック旅行に安いメニューが登場した。

日本航空のゾーンペックス運賃は「JAL悟空」のブランド名で販売された

7 ゾーンペックス運賃の大改正

1994（平成6）年に始まったゾーンペックス運賃が改定されたのは1998（平成10）年で、IATAペックス運賃の65%が下限だったが、この年から30%に引き下げられた。たとえばIATAペックス運賃が10万円なら、それまでの下限は6万5000円だったものが3万円に引き下げられ、「格安航空券並みの価格」「場合によっては格安航空券より安い」といわれるようになった。

では「格安航空券より安い」のはどういう場合か。それは「早めに予約・購入するほど航空券が安く」なり、それがゾーンペックス運賃のスタンダードになった。

この運賃はさらに次なる改定へと向かう。2008（平成20）年4月には下限が撤廃された。運賃設定が自由になるなら、格安航空券とペックス運賃の2本立てで販売するのは不合理ということになる。航空会社側からすると、ウェブサイトなどでの予約・販売に力を入れることで旅行会社への販売手数料も不要になる。海外系航空会社の割引航空券も基本的にはウェブサイトでの予約がスタンダードになっていて、電話などで予約するよりウェブサイトで予約する方が安くなるのが一般的になった。

旅行会社間の競争は激しくなり、1998年にはついにJTBが格安航空券の販売を開始する。この頃から「利用航空会社未定」という航空券が多くなる。この「利用航空会社未定」の航空券は旅行会社側の事情がある。旅行会社は利用者が飛び立って初めて利益になる。どんなに多く問い合わせがあっても、希望の日程で予約が取れないことには利益にならない。また行き先は同じなのに、大韓航空はA旅行社に、アシアナ航空はB旅行社にと別々に依頼する利用者も多い。旅行会社側は「航空会社にこだわらなければ、どれかは必ず取れるものだが……」という思いがある。

そこで、その思いを商品化したのが「利用航空会社未定」の航空券だ。

これなら「せっかく予約できたのにキャンセル」「希望以外の航空会社なら取れるのに……」といったことがない。そういう意味では利用者側から見ると、「利用航空会社未定」の航空券は予約が取れる可能性は大といえる。

以前から混雑時に格安航空券を上手に手配する方法として、信頼できる旅行社に、予算はいくら以内、A社、B社ならいいがC社には乗りたくないなどの希望を伝え、あとはその旅行会社にお任せといった方法をとると、あちこちの旅行会社に手配するより確実に予約できるといわれていたが、それに近い商品といえる。「未定」の範囲を確認して利用するのがお勧めで、直行便利用なのか、乗り継ぎ便利用もあり得るのかなどを必ず確認するようお勧めしたい。中には乗り継ぎ便利用で、乗り継ぎ地で1泊、ホテル代は自己負担などというケースもある。

オープンスカイは運航の自由と運賃の自由の2本立てであり、日本の国内線では、新規参入の航空会社が飛ぶようになり、運賃もたとえば羽田ー新千歳間ではJALとANA、エア・ドゥ、そしてスカイマークでは普通運賃そのものの額が違うので自由化されていて、この間には3種の普通運賃が存在する。

北海道に本拠を置くエアドゥもオープンスカイで誕生した航空会社。1998年12月に新千歳ー羽田間で運航を開始した

次に、国際線運賃に関しては基本的に自由化されておらず、日本へ乗り入れる場合、少なくとも普通運賃やIATAペックス運賃などは全社が同じ運賃になる。

ただし2008（平成20）年からこの原則も崩れ、日本―ヨーロッパ間ではIATA普通運賃は残すものの、普通運賃も各社が自由に設定できるようになった。どこが変わったかというと、IATA運賃は全社共通で、行きがJAL、帰りがANAといった使い方ができる従来通りのものと、航空会社ごとにその会社だけに有効な普通運賃も設定できるようになった。そして2008年4月以降の運賃は「格安航空券」とともに「ペックス運賃」と表示されているものの割合が増えている。

また格安航空券がすべてなくなったわけではない。ルート的にゾーンペックス運賃ではカバーできない航空会社も多いほか、これまで日本では格安航空券として旅行会社とともに販売してきたものを、制度が変わったからと一挙に販売方法を変えることはやはりできないのだろう。現在でも同じ方面行きの航空券のゾーンペックス運賃には、事前購入の条件が付いていることが多く、直前の需要には対応できないので、そこは格安航空券がカバーしなければならない。

オープンスカイ政策で登場した初の航空会社・スカイマークエアラインズ。旅行会社のHISが出資したことでも話題となった　写真提供：スカイマークエアラインズ

8 現在の正規割引運賃

1. IATA－PEX

各社共通の割引運賃で最低滞在日数（2～3日）、有効期間（1～3ヵ月）、予約発券後の変更不可（米国方面は一部有料で可）などの制約がある。また発券後の取消は取消手数料（1万～1万7500円）がかかる。

これはIATAの個人旅客用の正規割引運賃だが、割高で実体としてあまり利用されていない。

2. ZONE－PEX

各社独自の割引運賃で1994（平成6）年にできた。これは需要度に応じた幅のある設定をしている。中には普通運賃より8割以上の割引を適用しているところもあり、エコノミーセイバー（JAL）、エコ割（ANA）、スカイペックス（デルタ）、パスカル（大韓航空）などの例が挙げられる。これらは出発直前でも空席があれば空港でも購入可能で、有料で復路便の変更をしてくれる会社もある。

3. APEX

これは事前購入の制限を付して割引率を上げる運賃で、ダイナミックセイバー3／5／7、エコ割7／14、スーパービジ割28、先取り早特60などがある。

以上の運賃は航空会社のWebページやカウンターで直接購入でき、マイル加算率も70%以上と高い。

ただし、往復運賃のため現地での変更が重なり復路便が使用できなくなると、新たな予約や適用可能運賃との調整に、かなりの追加料金が必要となったり、片道分を払い戻しても、使用済区間の片道普通運賃との調整になるので払い戻しがない場合もある。

9 条件によって変わる割引航空券

割引航空券は普通運賃より安い代わりにいくつかクリアする条件が課せられている。

まず割引航空券には10日フィックスとか90日オープンといった種類がある。フィックス（FIX）は日付変更のできない航空券、オープン（OPEN）というのは復路便の変更が可能な航空券で、復路は予約せずに出発することも可能だ。

次に、10日、90日などという有効期間にも航空券ならではのルールがある。

また割引航空券には、最大滞在日数のほかに最低滞在日数もある。海外間の長距離路線では、最低滞在日数7日、10日というのも多く、理由は、割引航空券はバカンス用で、出張に使われないようにとの配慮である。「出張なら正規の運賃を」ということで、これはなかなか理解しづらいが、「長距離を3、4日で往復するのは出張しか考えられない」という前提からきている。日本発の航空券でも、世界一周航空券などは最低滞在日数が14日（14泊16日）である。さらにヨーロッパ内などでは、最低滞在日数が「サンデールール」というのも多い。目的地で土曜日の夜を過ごすことが条件で、往路土曜、復路日曜なら適用されるが、往路月曜、復路金曜では不可というルールだ。やはり出張に使えないようにしている。欧米では「土曜の夜を家族などと過ごさず、出張先などに滞在していることは考えられない」ということが前提なのである。

次に、購入の仕方でも価格が大きく変わる「商品」があるので紹介しておきたい。

●早割

日本発などの割引航空券は、ほとんどがこの早期購入割引制度によって、出発日から起算してどれだけ早期に購入するかで価格が変わってくる。早割は、会社によって「先得」「旅割」などと名前が異なっている。そしてこの早割は、今や海外パッケージ旅行にも広がっている。

●往復割引

条件付きでJALでは最大41%の割引が適用される。中には出発60日前や45日前までに旅行代金を支払うと、代金が割り引かれるなどの特典がある。特典には、ホテルの部屋のグレード（等級）を上げたり、ミールクーポン券などのサービスが多い。しかし、「早割」が設定されているのは米国や太平洋地域、一部のアジアだけで、ヨーロッパや多くのアジアの都市では見あたらない。これはエアラインの営業姿勢の違いによるもので、滞在日数の長いヨーロッパ旅行では、もともと利用者が早めに日程を確定したがるが、直前でも決められるアジア旅行では「早割」が魅力になりにくいからである。

●シニア割引

満65歳以上であれば25～50%引きで利用できる。大手の割引率はさほど高くはないが、前日までの購入が認められていること、当日前の便に空席がある場合には繰り上げ登場が可能、という利点がある。ただし、年末年始や夏休み期間中などは利用できない。

ANAは〈シニア65割引〉、JALは〈シルバー割引〉、エア・ドゥは〈Doシルバー〉。ソラシドエアには55歳から適用される〈シニア55割引〉（32%引き）があり、適用が10歳早いのがメリット。ジェットスターは06年11月から5割引となる〈スターシニア〉を導入。年齢の証明は健康保険証などの公的書類で十分とされている。

●スカイメイト

利用者が22歳未満で、空港で空席があれば、半額で利用できる若者向けの割引。

●身体障害者割引

第一種の身体障害者と介護人か第二種の身障者ならば、当日の予約であっても35〜50%引きで利用できる。

●介護帰省割引

家族の介護のため帰省する際に利用できるJAL〈介護帰省割引〉、ソラシドエア〈介護特別割引〉、ジェットスター〈介護割引〉だけのメニュー。事前に〈介護帰省パス〉の発行が必要だが、特定する1路線に限り約35%の割引（ジェットスターは50%）を受けられる。また、利用期間の制限はないので、座席に空席があれば当日でも使用できる。

●離島割引

この運賃は離島の特殊性などを考慮したもので、航空の利用が鉄道や船より実際に多い場合に地元自治体などの協力も得て設定されている。鹿児島県の屋久島と鹿児島との間の便には、地元民である証明があれば割引があるといった具合だ。

エア・ドゥの〈道民割引〉は、北海道に在住か本籍地がある者、または北海道に本社がある企業の勤務者が対象となる。運賃は20〜25%安くなる。スターフライヤーの〈スターQ割〉は、福岡、山口、大分県に在住か本籍地がある、または二親等以内の親族が在住、もしくはこれら3県にある企業に勤務していれば利用できる。運賃は往復割引よりも安いが、季節による変動がある。いずれも事前の登録が必要で、入会金が1,000円かかる。エア・ドゥの〈道民割引〉では、登録カードを持参し、同一便の利用であれば配偶者と二親等以内の親族も割引を受けられる。ちなみに、米国では「居住地による差別」になるので、認められていない割引である。

●マイレージ会員同伴割引

JALの〈おともdeマイル割引〉、ANAの〈いっしょにマイル〉は、マイレージ会員本人は1万マイル（通常は2万マイル）を使用すると、3名以内の同伴者は往復2万600円または2万4,600円（距離による）で搭乗できるという破格の運賃だ。父親が貯めているマイルから1万マイルを使えば、4人家族が6万1,800円で大阪から九州への帰省ができるし、4人仲間のOLが7万3,800円で東京からの沖縄旅行を楽しむことができる。

ただし、この運賃で予約を取れるのは設定された期間の、出発の14日前から4日前までで、しかも座席が十分に残っている場合だけなので、実際に使うのはかなり難しい。仲間と休みのスケジュールを調整し、宿泊予約などを考慮しながら予約を入れなければならないからだ。

●団体割引

10名以上のグループで利用できるのが、スカイマークが06年10月から始めた〈団体割引〉。約45%引きだが、大手の普通運賃に対しては65%引きほどに相当する。札幌線で1人当り1万500円、那覇線で1万3,000円（06年11月の最低運賃）。予約の受付は2ヶ月前から14日前まで。ただし、人数と期間により運賃が変わり、また、利用できない便もあるので注意。

●誕生日割引

誕生日当日と前後の各7日を含む15日間に限り、本人と同行者3名までの利用で、国内路線が片道1万円～1万3,000円（最大76%割引）になる。年に1回とはいえ、マイペースで日程を組めること、バーゲン運賃のように集中しないので、予約が取りやすいのが魅力だ。ただし、3週間前までの予約と、同行者と同一便の利用が前提で、取消手数料は運賃の50%と高い。ANAが中止したので、現在はJALグループの〈バースデー割引〉のみ。

●回数券割引

割引率が高いだけでなく、ピーク期間中でも夏休み以外は利用できること、フライトの変更、当日予約が可能など、自由度が高いことが魅力。

利用回数によって、いくつかのメニューがある。個人用で記名式の〈4回回数券〉（JAL）・〈リピート4回〉（ANA）は、同じ旅客が120日間に同一路線を4回搭乗する場合に適用。ビジネス用には誰でも利用できる無記名式の6枚つづり（ANA〈ビジネスリピート〉・JAL〈eビジネス6〉）と、10枚つづり（JAL〈10回回数券〉）があって割引率はもう少し高いが、発券は法人対象なので個人では購入できない。なお、格安社では、スカイマークは回数券を採用していない。

以上の割引商品の条件や価格は航空会社によって、また頻繁に廃止されたり変更されたりしているので要確認である。また、ここに取り上げたものは一般的な割引運賃の一部で、他にも特定路線や乗り継ぎ割引などがあるのでやはり航空会社に確認をとってもらいたい。

この時刻表に掲載されている運賃情報は2016年4月14日現在のものです。
最新の運賃についてはJALホームページまたは国内線ご予約・ご購入・ご案内（4·5ページ）へお問い合わせください。

各種運賃のご案内　56

	運賃の種類		利用期間制限	予約期限	[illegible]	[illegible]	[illegible]	タッチ&ゴー	詳細は各ページへ
当日までご予約OK	満12歳以上の方に	大人普通運賃	なし	当日	○	なし	○	○	58ページ
	満3歳以上12歳未満の方に	小児普通運賃	なし	当日	○	なし	○	○	58ページ
	往復のご利用なら	往復割引	あり	当日	○	なし	○	○	58ページ
	割引対象の方に	身体障がい者割引	なし	当日	○	なし	○	○	58ページ
	離れて生活されるご家族の介護に	介護帰省割引	なし	当日	○	なし	○	○	63ページ
	JALオンライン限定	eビジネス6	なし	当日	○	なし	×	○	59ページ
	東京ー大阪（伊丹、関西）	シャトル往復割引	なし	当日	○	なし	×	○	59ページ
おトクな割引	お先に予約でおトクです　75日前まで予約OK	ウルトラ先得	あり	75日前	×*1	あり	×	○	61ページ
	55日前なら	スーパー先得		55日前					
	45日前なら	先得割引タイプB		45日前					
	28日前なら	先得割引タイプA		28日前					
	私のマイルでみんなもおトク	おとも de マイル割引	あり	4日前	×*2	あり	○	×	62ページ
ビジネスに、ご旅行に選んでおトク	JALカード会員限定	JALビジネスきっぷ	なし	当日	○	なし	○	○	59ページ
	便を選んでおトク　前日まで予約OK	特便割引1（ワン）	あり	前日	×*1	あり	○	○	60ページ
	3日前まで予約OK	特便割引3（スリー）		3日前					
	7日前まで予約OK	特便割引7（セブン）		7日前					
	21日前まで予約OK	特便割引21		21日前					
	満65歳以上の方の空席利用	当日シルバー割引	なし	予約不可	予約不可	なし	×	×	64ページ
	若者の旅に	スカイメイト	なし	予約不可	予約不可	なし	×	×	64ページ
特定路線を乗り継ぐ方に	当日までご予約OK	特別乗継割引	なし	当日	○	なし	○	○	65ページ
	7日前なら	乗継割引7（セブン）	あり	7日前	×*1	あり	○	○	66ページ
	28日前なら	乗継割引28	あり	28日前	×*1	あり	×	○	66ページ
	JTA・JAC・RACの	離島割引	なし	当日	○	なし	○	○	65ページ
	RACの	特別往復割引	なし	当日	○	なし	○	○	65ページ

*1：ご予約便の変更はできません。ご搭乗日当日、出発空港においてご予約便より前のJALグループ航空会社便へのご変更も承れませんのでご注意ください。ご予約便と同一便のクラス変更は可能です。予約期限までに変更していただく必要がございます。クラス変更に際しては、払戻手数料・取消手数料は適用いたしません。
*2：ご予約便の変更はできません。ただし、ご搭乗日当日、出発空港においてご予約便より前の同一区間の便（同じ割引運賃設定のあるJALグループ航空会社）に空席がある場合はご搭乗いただけます。
※割引率は搭乗日に適用される大人普通運賃に対するものです。
運賃によって設定期間が異なります。詳しくは58〜66ページをご覧ください。

現在のJALの割引運賃

10/29ご搭乗分までの「旅割」発売中!

早めの予約がおトク! 旅割75 旅割55 旅割45 旅割28 旅割21

区間	旅割55運賃例（2016年5月1日(日)～10月29日(土)ご搭乗分）
東京（羽田）↔ 札幌（千歳）	10,700円 ～ 30,600円（千歳発は11,000円～）
東京（羽田）↔ 福岡	10,900円 ～ 28,200円（福岡発は11,000円～）
東京（羽田）↔ 沖縄（那覇）	9,800円 ～ 39,400円（羽田発は11,400円～）
東京（羽田）↔ 宮古	19,900円 ～ 40,400円
大阪（伊丹・関西・神戸）↔ 札幌（千歳）	10,000円 ～ 37,900円（10,000円は関西発のみ）
大阪（伊丹・関西・神戸）↔ 沖縄（那覇）	9,900円 ～ 33,800円（9,900円は関西発着のみ）
大阪（関西）↔ 宮古	19,800円 ～ 31,100円
岩国 ↔ 沖縄（那覇）	15,200円 ～ 34,300円（岩国発は16,800円～）

おトクな割引運賃なのに、区間マイルの75%がたまる!

旅割75：ご予約期間はご搭乗の75日前まで、お支払い期限は予約日を含めて3日以内(ただし、77日前から75日前の場合は75日前まで)です。旅割55：ご予約期間はご搭乗の55日前まで、お支払い期限は予約日を含めて3日以内(ただし、57日前から55日前の場合は55日前まで)です。旅割45：ご予約期間はご搭乗の45日前まで、お支払い期限は予約日を含めて3日以内(ただし、47日前から45日前の場合は45日前まで)です。旅割28：ご予約期間はご搭乗の28日前まで、お支払い期限は予約日を含めて3日以内(ただし、30日前から28日前の場合は28日前まで)です。旅割21：ご予約期間はご搭乗の21日前まで、お支払い期限は予約日を含めて3日以内(ただし、23日前から21日前の場合は21日前まで)です。

※上記運賃例は2016年2月4日現在、2016年5月1日～10月29日(ご搭乗分)の期間中に設定のある運賃額を記載しております。同一区間同一搭乗日であっても、便によって運賃額が異なる場合もございます。ご利用日によっては、ご予約いただける最も安い運賃額が記載例と異なる場合がございます。※一部の期間・路線・便において設定のない場合がございます。また、販売座席には限りがございます。※航空券ご購入後の変更はできません。航空券ご購入後の取り消しに際しては、払戻手数料(1区間につき430円)および取消手数料が必要です。取消手数料は解約日時により異なります。※運賃額・ご利用条件はお断りなしに変更する場合もございますのでご了承ください。※「旅客施設使用料」として、東京(成田)発着440円(220円)、東京(羽田)発着290円(140円)、名古屋(中部)発着310円(150円)、北九州発着100円(50円)を航空運賃とともに空港ビル会社に代わって各々申し受けます。(　)は小児料金。

現在のANAの割引運賃（早割）

■各種運賃のご案内

運賃の種類	概要
片道運賃	満12歳以上のお客様の普通運賃です。
小児運賃	満3～11歳のお子様の普通運賃です。
往復運賃	満12歳以上のお客様が同一路線を往復する場合にご利用いただける割引運賃です。
身体障がい者割引運賃	対象の方ご本人と、一部の介護人の方にご利用いただける割引運賃です。
IBEX45	搭乗日の45日前までにご予約・ご購入いただくとお得な特定便割引運賃です。
IBEX28	搭乗日の28日前までにご予約・ご購入いただくとお得な特定便割引運賃です。
IBEX3	搭乗日の3日前までにご予約・ご購入いただくとお得な特定便割引運賃です。
IBEX WEB7	搭乗日の7日前までにIBEXホームページからご予約・ご購入いただくとお得な特定便割引運賃です。
IBEX WEB1	搭乗日の前日までにIBEXホームページからご予約・ご購入いただくとお得な特定便割引運賃です。

*特定便割引運賃は、販売座席数に限りがございます。また、路線・便によっては設定がない場合もございます。
*成田国際空港、中部国際空港(セントレア)では「旅客施設使用料」を設定しております。「旅客施設使用料」は航空券ご購入の際に航空運賃とともに空港ビル会社に代わって申し受けます。
料金額(1名1区間片道)：成田 大人 440円 小児 220円
　　　　　　　　　　　中部 大人 310円 小児 150円

現在のIBEXエアラインズの各種運賃

資料提供：筆者（3点とも）

10 ビジネスクラスにも割引運賃を導入

かつての航空運賃は、ファーストクラスとエコノミー運賃であったが、1980年代半ばにビジネスクラスが普及し始めた。大きな理由の一つに、エコノミークラス普及運賃の利用者と、団体旅行や格安航空券の利用者とが同じ座席で同じサービスを受けるのはおかしいという声が多くあがったことによる。言い換えれば、ビジネスクラス誕生は、エコノミークラスの普通運賃利用者の救済が主な目的だった。ビジネスクラスの運賃は、当時は普通運賃のみだったが、世界的にエコノミークラス特別運賃（割引運賃）や格安航空券が広まっていく中で、一部の航空会社でビジネスクラスにも様々な条件の割引運賃を設定しはじめ、現在では各社とも早期の予約や購入、それに曜日、季節などの条件をつけて割引運賃を公表するようになった。

例えば、JALは「セイバー」という名称で、東南アジアでは約8万円前後から、冬季のヨーロッパなら21万9000円から、エールフランスでは出発日の21日前までの予約で、ヨーロッパ41万9000円、アリタリアでは期間限定で、ヨーロッパ線でシーズンでも34万円からと各社様々な料金を設定している。

日本航空のビジネスクラスの割引運賃（2021年2月現在）

		JAL ビジネスフレックス(D)-3日前事前購入特価	JAL ビジネスフレックス ©	JAL ビジネスフレックス(B)	JAL ビジネスフレックス(A)	JAL ビジネスフレックスノーマル
国際線の予約クラス		I	X	C	J	C
最大滞在期間		6か月	6か月(一部除く)	6か月	1年	1年
予約変更	往路	手数料 KRW 50,000（キャンセル待ち不可）			可（無料）	
	復路	手数料 KRW 50,000（キャンセル待ち不可）			可（無料）	
払い戻して	出発前	手数料 KRW 30,000（幼児：KRW 22,500）			無料	無料
	出発後	規則に従って差額を返金				無料
NO-SHOW チャージ		出発前/出発後　手数料 KRW 60,000			なし	なし
途中降機		往路：1回、復路：1回　（無料）			可（無料）	可（無料）

11 格差が広がった普通運賃と割引運賃

割引運賃の充実や格安航空券の活用によって正規運賃の利用度は下がり、その価格は上昇した。欧州線の往復運賃は、ファーストクラスで普通乗用車が、ビジネスクラスでも軽乗用車が買える値段になってしまった。エコノミークラスは、割引運賃と比較するなら、「エコノミーな値段」ではなくなった。そして正規割引運賃が充実してきたことにより、正規普通運賃の必然性はますます減って、長距離の欧米路線でエコノミークラス普通運賃を利用する旅客は僅か数パーセントだという（ANA）。

普通運賃のメリットは、「有効期間が1年間」「予約便の変更可」「他社便への乗り換え可能」「途中降機が自由」「払い戻し可能」と自由度が高いことだ。一方、制限付きエコノミークラスもほぼ同様の条件が認められているが、「乗り換え」と「途中降機」の回数に制限がかけられている。

正規運賃の比較（2007年）

【東京発―ロンドン／パリ／フランクフルト】

	ファースト	ビジネス	エコノミー	制限付きエコノミー
平日	1,627,700円	893,200円	707,600円	584,700円
週末	1,675,700円	941,200円	755,600円	632,700円

【東京発―ニューヨーク／ワシントンD.C.】

	ファースト	ビジネス	エコノミー	制限付きエコノミー
平日	1,302,400円	693,400円	571,600円	443,700円
週末	1,350,400円	741,400円	619,600円	同　上

（制限付きのエコノミーは、のりかえまたは途中降機が片道につき3回までの制限あり）

12 正規割引航空券と格安航空券

このような正規割引航空券は、そもそも正規の運賃が認可実勢運賃と大きくかけ離れて形骸化する中で、格安航空券や輸入航空券を閉めだすだけでなく、適正運賃の普及を推進するための受け皿として運輸省の肝いりで誕生したものである。しかし、当初は下限があまり低くなかったこともあって、格安券よりも割高だったが、各社は「正規」を前面に打ち出し、「フライトの早期確定」と「マイレージの対象」をメリットに掲げていた。代理店は少しでも高額購入者を取り込もうと、格安券客の座席の確定を引き延ばすため、格安券を購入してもフライト便の確定は間際まで出ないのが一般的だからだ。また、格安券では外される「マイレージの対象」も大きな魅力になった。

加えて、ピーク期におけるメリットも大きかった。普通、格安券は閑散期には信じられない安値だが、夏休みなどのピーク期には驚くほど高くなる。「正規割引運賃」は公示価格を掲げていることから、エアラインも極端な変動を避けたため、ピーク期には格安券との価格の逆転現象も起きた。

一方、ゾーンペックスの導入で新しい運賃制度の定着を働きかけた運輸省は、混乱がないことを見極めながら下限を徐々に引き下げ、98年からはエコノミークラス運賃の30%掛けを下限としたのである。

エアラインはペックス運賃という新たな販売手段を手にしたことから、格安券の元となる団体包括旅行向けの座席数を絞った。その結果、2000年頃から価格における格安券との逆転現象は日常化した。今や、正規割引運賃は「正規」だからといって、価格面でも格安券に見劣りしない水準まで達している。また、自らが割引運賃で発券できるため、代理店に手数料を払わずに、自社の営業所やウェブサイトでも販売できるようになったメリットは大きい。

さらに、正規割引運賃は特典の充実がめざましい。地方都市からフライトの出発地まで、または到着地から最終目的地までの接続運賃の割引、途中都市での一時降機（ストップオーバー）、往路の到着地と復路の出発地を変えるオープンジョー旅行（往路はロンドンで降り、復路はパリから搭乗することができる）など、変則的な要望にも割安の追加料金で対応できるようになった。

格安券は目的地との間を往復するフライトだけに有効で応用が利かないが、処分価格もあることから、運賃の安さで探すのであれば、格安券の方が勝る。したがって、出発日時の融通が利くならば格安券が得だが、フライトを早めに確定したい、エアラインやルートを選択したい、何か所かを回るなど付加的な要求がある場合には、正規割引運賃の方が使いやすい。エコノミーの安いチケットといえども、メリットとデメリットを考慮して選択するとよい。

格安航空券の流通は海外旅行の大衆化に大きく寄与している。90年代に入ると世界各地で日本人バックパッカーが増加した。写真はバックパッカーの聖地として名高いバンコクのカオサン通り

13 世界一周運賃

世界一周運賃（Round-the-World APEX Fares）とは、太平洋と大西洋を1回ずつ経由し、出発国に戻る世界一周に利用できる運賃だ。ただし、同じ区間を同一方向で2回は利用できない。

かつては日本の運賃政策はIATAの公示運賃を基本にしていたので、公示運賃にない世界一周運賃は認められていなかった。そのため、他国発着の世界一周運賃を使用せざるを得ず、設定のある香港やソウルなどへの往復運賃を別途払わなければならなかったのである。しかし、2000（平成12）年にワンワールド加盟7社による日本発着の世界一周運賃（エクスプローラー）を国交省が認可し、日本発着の世界一周運賃が誕生した。

日本企業ではANAが先に、スターアライアンスの世界一周運賃を発売した。利用エアラインは、エア・カナダ、ニュージーランド、ANA、アシアナ、オーストリア、ブリテュッシュ・ミッドランド、LOTポーランド、ルフトハンザ・ドイツ、スカンジナビア、シンガポール、南アフリカ、スパンエアー、スイス・インターナショナル、TAPポルトガル、タイ国際、ユナイテッド、クロアチア、アドリア、ブルーワン、アメリカウェストの21社で、利用のフライト数は最大24区間まで。利用クラスと飛行距離の3種類ずつのマトリックスによって運賃が決まるが、価格は意外に安い。

世界一周運賃は、現在スターアライアンスに加盟する28社のネットワー191ヵ国、1300都市の中から旅程を組む仕組みである。運賃は利用者が組む旅程により異なり、搭乗する距離の合計マイルに応じて、29,000マイル、34,000マイル、39,000マイルの3種類に運賃をファースト、ビジネス、プレミアムエコノミー、エコノミーの4クラスで設定。

ただし、条件として旅程は各運賃の最大マイル数以内で自由に組める

1999年2月に設立されたワンワールド。2000年にはワンワールド加盟7社による世界一周運賃が設定された。写真はブリティッシュエアウェイズの機材（ボーイング747）　写真提供：北島幸司

〈世界一周運賃〉（2021年）

	STAR 1	STAR 2	STAR 3
合計マイル数	（29,000マイル以内）	（34,000マイル以内）	（39,000マイル以内）
ファースト	1,141,000円	1,344,000円	1,504,800円
ビジネス	705,500円	822,000円	958,900円
エコノミー	358,900円	422,700円	494,600円

〈モデルコース〉

STAR 1　：東京―ニューヨーク―フランクフルト―シンガポール―シドニー―バンコク―東京　（合計2万8,419マイル）

STAR 2　：東京―オークランド―ロサンゼルスマイアミ―リオデジャネイロ―フランクフルト―パリ―東京　（合計3万975マイル）

STAR 3　：大阪―バンコク―シドニー―オークランド―ホノルル―ロサンゼルス―マイアミ―リオデジャネイロ―ロンドン―フランクフルト―シンガポール―大阪　（合計3万7,295マイル）

が、旅行を始める国と帰着する国は同一であること、ルートは東回りか西回りのいずれかで、途中で逆回りはできないこと、太平洋と大西洋を各1回横断すること、それに旅程全体を通して少なくとも2都市（これまで3回）で途中降機し、一つの都市で24時間以上の滞在が必要となっている。

運賃により、最高5回から15回の途中降機ができる。一方、ビジネスクラスとエコノミークラスの廉価版の特別運賃では途中降機の条件は3回となる。スターアライアンスによると、この世界一周の旅行者の内訳はファーストクラスが約8%、ビジネスクラスが約50%、エコノミークラスが30%であるという。

14 運賃の払い戻し

普通運賃は、払戻手数料はないが割引運賃から払戻手数料は数千円～数万円単位で発生する。例えばANAの「旅割」では航空券購入後の取消に関しては、払戻手数料430円と取消手数料（解約日時で異なる）が必要と書かれている。JALではクラス変更は手数料がかからないとだけの記載がある（いずれもタイムテーブルに）。次に格安航空券となると有効期間が数日から2ヵ月程度で、途中降機不可、予約後の変更不可（帰りの便を未定にできるものもあるが、予約が取りにくい）などの条件がある。そして払い戻しが可能な航空券でも、出発後に何らかの理由で目的地に到着できない場合、払い戻しなどの運用は航空会社によって異なっているので、事前にそれぞれの航空会社のルールを調べておくことが必要である。

航空会社のルールには、まず利用者との間に交わしている運送約款がある。時刻表（タイムテーブル）で記載されているところもあるが、そうでない会社も多く、利用者本位となっていないのが現状である。

15 運送約款は航空会社ごとに異なる

鉄道やバスが目的地まで何らかの理由で到着できない場合は、代替手段を追加料金なく手配、あるいは運賃の払い戻しが行われる。運賃の払い戻しは国や、列車、車両によって何時間あるいは何十分以上遅れた場合、というように決められている。そして遅延の原因には、天候や地震など自然災害も含まれるのが一般的である。

一方、航空は、出発前であれば払い戻しは可能（一部の条件付チケットは除く）であるものの、出発後の遅延に対する払い戻しは原則ない。しかし、現実には目的地に予定どおり到着できず代替空港に着陸する、あるいは出発した空港に引き返すこともまれに起こる。また、遅延に伴い予定した便への乗り継ぎができず、やむなく空港近くに宿泊を強いられることもある。このようなとき、乗客や荷物に関して、航空会社はどのように取り決めているのだろうか。細かくは航空会社によって異なるが、運送約款に規定されているので、ぜひ利用する前に見ておく必要があるだろう。

一例として、以下に日本航空とピーチ・アビエーション、ユナイテッド航空の運送約款のうち、航空便のスケジュールに関する部分を抜粋した。ただし、実際は必ずしも約款の規定通りに運用されるとは限らず、状況によって航空会社の配慮がなされることもある点を留意してほしい。

日本航空（国際運送約款（旅客及び手荷物）の一部）

第５条　（途中降機）

第６条　（運賃及び経路）

第７条　（経路等の変更、運送不履行および接続不能）

第13条（払戻）

ピーチ・アビエーション（「国内・国際旅客運送約款」の一部）

第12条　航空便のスケジュール、延着及び取消

B）取消

1．当社は、予告なしに、当社の引き受けた運送につき運送人を変更し又は航空機を変更することがあります。

2．当社は次のいずれかの事由によるときは、予告なしに、航空便又はその後の運送の権利若しくは運送に関わる予約を取り消し、打ち切り、迂回させ、延期させ又は延着させ、また離陸すべきかどうかを決定することがあります。この場合、当社は、この約款及び当社規則に従って航空券の未使用部分に対する運賃及び料金を払い戻しますが、その他の一切の責任を負いません。

(a) 当社の管理不能な事実（気象条件、天災地変、ストライキ、暴動、騒擾、出入港停止、戦争、敵対行為、動乱又は国際関係の不安定等の不可抗力をいいますが、これらに限定されるものではありません。）で、現実に発生し、発生のおそれがあり若しくは発生が報告されているもの、又はその事実に直接若しくは間接に起因する延着、要求、条件、事態若しくは要件。

(b) 当社が予測、予期又は予知し得ない事実。

(c) 適用法令等によるもの。

(d) 労働力、燃料若しくは設備の不足又は当社その他の者の労働問題。

ユナイテッド航空（「運送約款」の一部）

ユナイテッド航空（「ユナイテッド」）、ユナイテッドエクスプレスとして業務を行う航空会社、その他ユナイテッド航空の共同運航便を運航する航空会社（総称して「ユナイテッド航空」）の各運航便の乗客と手荷物の運送には、航空券、チケットジャケット、またはEチケットレシートの券面または内部に印刷されたご利用規約に加え、ユナイテッド運送約款に記載されたご利用規約が適用されます。お客様は、航空券を購

入するか、運送を承認することにより、これに拘束されることに同意するものとします。対象となる規約には、以下が含まれます。

- 荷物（壊れやすい物、腐敗しやすいものを含む）に遅延、破損、紛失に関する責任の制限。
- ユナイテッド航空に対する申し立て、または訴訟を行う場合の期限を定めることを含めた、出訴期限。
- ユナイテッド航空の運送約款を変更する権限。
- 予約の再確認、チェックイン時刻、運送拒否に関する規定。
- スケジュールの変更、他の航空会社または航空機による振替輸送や他の交通手段また運送経路への変更を含め、サービスの遅延や不履行に対するユナイテッド航空の権限および責任の制限。

（国際線を利用する利用者への航空会社の責任に関する助言）

最終目的地または経由地が出発地とは異なる国の場合は、モントリオール条約またはその前身であるワルソー条約（その改定も含む）が旅程全体（国際旅程の一部としての国内旅程を含む）に適用される場合があります。国際線をご利用の場合、同条約（適用関税に組み込まれた特別運送契約を含む）により、旅客の死亡または傷害、手荷物の破損、紛失、損傷、ならびに旅客および手荷物の遅延に対する航空会社の責任が制限される場合があります。

＊下線は著者によるもの

出発後に目的地に到着できず他の空港に行ったり、出発空港に戻ることがある。その原因は天候不良、機材のトラブルなど様々である。その場合、航空会社は別の便に振り替える、鉄道やタクシーなどを使う、次便まで宿泊させる等の対応を行うことがあるが、その対応は航空会社によってまちまちである。

一般論で言えば、航空会社は天候や自然災害のような要因で、以後のフライトがキャンセルとなってもその責任を負う必要はない。一方、整備不良やパイロットなどの病気といった航空会社側の事情でフライトにトラブルが発生した場合には航空会社側に責任が生じ、鉄道のように料金を払い戻すことがある。

ただし、その場合でも全額なのか一部なのか、あるいはタクシー代ならどの距離までを補填するかなどは、その時々の状況によって異なり一律全てが決められているわけではない。米国の航空会社では仮に天候不良や乗客のトラブルなどの理由で他の空港に着陸しても、以後の旅程には責任を持たず利用者がレンタカーするなり何なりの手配を全て自分で行う必要があることも多い。乗務員はおろか地上職員も一切の協力をしてくれないことも少なくない。2017年にたびたび発生して話題になったダブルブッキングも同様だ。

このようなことが心配な方は事前に利用航空会社の航空約款を良く読んでおくことが重要であろう。

旅　客　運　送　約　款

学校法人ヒラタ学園　航空事業本部

第1章　総　　則

第　1　条　定義

この運送約款において「航空運送」とは、有償であるか無償であるかを問わず学校法人ヒラタ学園・航空事業本部（以下「事業本部」という）が航空機により行う運送で、運送約款による運送をいいます。
「事業本部の事業所」とは、事業本部の事務所（市内及び飛行場事務所）並びに事業所の指定した代理店及びその営業所をいいます。
「航空券」とは、この運送約款に基づいて事業本部の行う旅客運送のために発行される証票をいいます。
「普通旅客運賃」とは、事業本部の公示運賃で、特別の規定がない限り通常大人運賃及び小児運賃をいいます。
「手荷物」とは、他に特別の規定がない限り旅客の所持するもので受託手荷物及び持込手荷物をいいます。
「受託手荷物」とは、事業本部が引渡しを受け、かつ、これに対し手荷物合符（引換証）を発行した手荷物をいいます。
「手荷物合符」とは、受託手荷物の識別のためにのみ事業本部が発行する証票で、その一部は、手荷物添付用として受託手荷物の個々のものにとりつけ、他の部分は引換証として旅客に渡すものといいます。

第　2　条　約款の適用

1．この運送約款は、旅客、借主及び手荷物の事業本部が行う航空運航並びにこれに伴う業務に適用されます。
2．航空券の最初の搭乗用片によって行う旅行の開始日において有効な運送約款及びこれに基づいて定められた規定が当該運送に適用されるものとします。
3．事業本部は、旅客又は貸切飛行の借主（以下「借主」という）の申し出により当約款の一部の規定について特約を結ぶことがあります。この場合当該条項の定めに拘わらず、この特約事項を適用します。

第　3　条　約款等の変更

事業本部の運送約款及びこれに基づいて定められた規定は予告なしに変更されることがあります。

第　4　条　公示

事業本部の事業所には、旅客運賃、料金及び諸料金その他運送上必要な事項を公示します。

第11条　搭乗日時

事業本部の航空機に搭乗するには、日時の指定を必要とします。
日時の指定を受けようとするときは、事業本部の事務所又は代理店において航空券を呈示することを必要 とします。

第12条　有効期間の延長等

1．旅客が病気その他の事由で旅行不可能の場合、又は事業本部が予約した座席を提供できない場合、若しくは座席の予約ができない場合は航空券の有効期間を延長することができます。ただし、最初に発行した航空券の満了日より２０日を超えて延長することはできません。
2．前項によって有効期間を延長した場合は、この旅客の同伴者が所持する航空券についても同様に期間の延長をすることができます。

第13条　航空券の呈示

事業本部は、旅客に搭乗前の航空券の呈示を求めます。
航空券の呈示のない場合は搭乗できません。

第14条　旅客運賃及び料金

1．旅客運賃及び料金は、別に定める運賃料金表によります。
2．旅客運賃は、出発地飛行場から目的地飛行場までの運送に対する運賃とします。

第15条　適用運賃及び料金

1．適用運賃及び料金は、航空券の最初の搭乗用片によって行う旅行の開始当日において有効な運賃及び料金とします。
2．収受運賃又は料金、適用運賃又は料金と異なる場合は、その差額をそれぞれの場合に応じて払い戻し又は徴収します。ただし、航空券を運賃又は料金値上げの実施日前に購入し、かつ、当該飛行をその運賃又は料金値上げの実施日後３０日以内に開始する場合の適用運賃又は料金は、航空券の発売日において有効な旅客運賃又は料金とします。

第16条　小児運賃及び料金

１２才未満の小児は普通大人旅客運賃又は料金３割引を申し受けます。ただし、旅客（普通小児運賃を支払った旅客を除く）に同伴された座席を使用しない３才未満の小児は、同伴者１名に対し１人に限り無賃とします。

第17条　集合時刻

旅客は、事業本部の指定する時刻までに事業本部の指定する場所に集合しなければなりません。旅客が指定された時刻までに集合しなかった場合には搭乗できないことがあります。

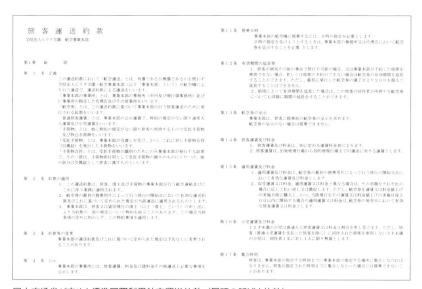

国土交通省が定めた標準国際利用航空運送約款（冒頭の記述を抜粋）

6章

LCC時代と格安航空券

1 大手の運賃とどこが違うのか

LCC（エル・シー・シー）とは「Low Cost Carrier」の頭文字からとった言葉で、日本語では格安航空会社と呼ばれている。日本では、ジェットスター、ピーチ・アビエーション、バニラエア、ソラシドエア、春秋航空に加え、2017（平成29）年10月に再び参入してきた（新生）エアアジア・ジャパン（2020年にコロナ禍による経営不振から再度撤退）と計６社のLCCが運航していた。ここでスカイマークやエア・ドゥ、フジドリームエアラインズ、それにIBEXエアラインズ等の新興航空会社はLCCではないのかという議論がいつもあるが、一線をひく明確な基準はなく曖昧なものである。つまり航空会社や利用者がLCCと言えばLCCとなり、LCCでないと言えばLCCではないというような感覚でとらえられているのが現状だろう。

かつて、スカイマークの西久保社長が「航空ベンチャーであってもLCCではない」と発言したのも印象に残っている。ここで、よく使われる格安航空券とは、これらLCCが発券するものと考えられがちだが、既存の航空会社も格安航空券を出しているので混同しないでほしい。

LCCは、日本では国交省が2010（平成22）年をLCC元年として、LCC専用のターミナルビル設置などに協力して今後力を入れていく方針である。しかし、米国やヨーロッパでは、すっかり国民生活の中に根付いて運航便の約半分にもなろうとしているが、日本ではオープンスカイ（航空自由化）政策が遅れたため、現在でもそのシェアは約3%に過ぎない。

米国では、よく優良LCCの代表格で紹介される、1971（昭和46）年から運航しているサウスウェスト航空やジェットブルー航空が、ヨーロッパでは、ライアンエアやイージージェット、少し遅れてオーストラリアでは、2007（平成19）年からジェットスターが国内線と国際線で大

JALのグループ会社が使用するブラジル製のハイテク機、エンブラエルE170　著者は日本に導入されてから3年間乗務した　写真提供：JA8772

きなシェアを占めるようになってきた。サウスウェスト航空の輸送実績は、米国大手5社についで6位に入り、世界の航空会社で見ても2005（平成17）年には第10位に入っているほどの存在感を示している。しかも運航による事故ゼロの記録を2018（平成30）年まで続け、世界中のLCCもお手本とする健全経営を続けている（詳しくは章末の「コラム」参照）。

そしてこのLCCの波はアジアにも及んでいる。アジア最大のLCCとなったマレーシアのエアアジアは、すでに国内線のシェア50%を占め、タイとインドネシアにも現地法人エアアジア・タイとエアアジア・インドネシアを設立し、大型機で中国とオーストラリアへ運航するエアアジアXも設立し中長距離国際線にも手を延ばしている。今や世界的には国内線や近距離国際線の約半分はLCCが運行することが常識となり、既存の航空会社とLCCが均衡しているが、これは大手には大手の役割、LCCにはLCCの役割とうまく共存しているからである。実際LCCは独立した会社も少なくないが、多くは大手航空会社の系列会社となっている。

一方、日本では新興航空会社のスカイマークも一度経営破綻し、エア・ドゥもANAの協力で民事再生法による再建を果たすなど順風満帆とはいかず、結局ソラシドエアとともにANAの傘下に入りコードシェアによる提携運航で企業を維持するのが精一杯で、なかなか独立系の「LCC」で成長するには課題が多いと言えよう。ピーチ・アビエーションとバニラも同様である。

その課題の一つにパイロットと整備士の養成があげられる。各社は、いずれも数人のパイロットが病欠や退職するだけで大量の便をカットしたり、事業計画の下方修正を行ったりしているのは周知の事実である。現在では世界中でパイロット不足になっていて、高い給与を提示しないと日本で働いてもらえないので、経営の大きな障害となっている。そしてスカイマークが、かつてボーイング737、767、エアバスA330（A380も導入契約した）と多機種の運航に手を出したように、力量以上の機材や路線構成も経営上のマイナス要因で、サウスウェスト航空やジェットブルー航空をモデルにと言ってスタートしたものの、経営者の異常なまでの大手への対抗意識によって上手くいかないのである。海外のLCCのように大手との共存という考え方を持つ必要があるだろう。

さて、LCCの運賃の特徴は何といってもその安さである。

2007（平成19）年当時でも、海外では米国で6大ネットワーク・キャリアに比べて4～8割安い水準になっており、利用者に安い運賃の提供と、メジャーに対する牽制役を果たしている。

欧州では、航空自由化に積極的だった英国やオランダを中心にLCCが成長し、昨今では英国国内で50%、欧州域内で25%のシェアを占めるに至った。なかでも、ライアンエアとイージージェットの輸送実績および利益額は、名門の英国航空やルフトハンザ、エールフランスを脅かすまでに至り、近い将来、市場シェアは最大50%に達するとみられている。

また、アジアではエアアジアなど元気のよいLCCが数多く活躍しており、シェアはアジア太平洋の5%を占める。オーストラリアでは50%、ニュージーランドは70%、フィリピンでは30%に達し、これまでにない安い運賃を提供している。

〈世界の格安運賃例〉（2007年）

エアライン	路線	距離（km）	日本での相当区間	運賃	円貨換算
サウスウェスト	ロス—オークランド	542	東京—大阪	29ドル	3,420円
ジェットブルー	NY—オンタリオ（ロス近郊）	4,685	札幌—那覇往復	99ドル	11,680円
ライアンエアー	ロンドン—アムステルダム	349	東京—小松	9.99ポンド	2,260円
タイガー航空	バンコク—シンガポール	1,442	札幌—福岡	40SINドル	3,040円
エアアジア	バンコク—マカオ	1,649	東京—久米島	999バーツ	3,200円
エアアジア	クアラルンプール—ペナン	288	名古屋—成田	19.9リンギ	640円
ジェットスター	シドニー—メルボルン	703	名古屋—福岡	65豪ドル	6,000円

（ちなみに、日本の運賃では東京—大阪は9,800円、札幌—福岡は17,300円、札幌—那覇は31,300円。通常期28日前の最安運賃）

LCCの運賃は、4週間前購入では大手の安売り運賃とさほど変わらなくとも、当日購入の普通運賃とでは大きな差となる。大手の運賃体系は、事前購入の割引率は大きいものの、当日購入になると大きく跳ね上がる。日本のLCCでは、前日までの事前購入額と当日額との差は1.9倍もあり、7日前との差は2.1倍だ。

大手の格安運賃を利用するには、約1ヵ月前にスケジュールを確定しなければならないので、時間に余裕のある退職者などが旅行するには便利だが、2週先のスケジュールもわからないという会社勤めの家庭では利用しにくい。格安航空の利用ならば直前の決定で済むので、出張日程がなかなか確定できない中小企業のビジネスマンなどが重宝しているほか、繁忙期で運賃が高いのはわかっていながらも、盆暮れにしか帰省できないファミリー層などで歓迎されるのである。

LCCが運賃を安くできるのには、使用機材を1機種に絞り込むことなどで、パイロットの訓練費用、整備費用などを軽減する、整備の外注化、機内はすべてエコノミークラスにしてサービスを必要最小限にとどめること、使用空港は着陸料などの空港使用料の安い郊外の空港にすること、空港での折り返し時間を短く（25分が多い）して機材の稼働時間を増やす（1路線約10往復）ことなどによって運航コストを低く抑えるというポリシーがあるからだ。それに加えて次に述べる増収策も無視できないほど収益に寄与している。

それは受託手荷物や機内持ち込み手荷物、それに機内食などを有料とすることで収益を上げることである。旅客が預ける受託手荷物も有料で、多くのLCCが1個目は25ドル、2個目は30ドルほど（オンライン予約の場合には5ドルの値引き）に設定している。また、サーフボードやスキーなどは別料金、重い荷物の場合にも重量に応じた追加料金が必要。アメリカのスピリット航空にいたっては、機内持ち込み手荷物まで有料化（ただし、座席下部に収容可能な手荷物は無料）にしたため、利用者や米国議会からヒンシュクを買っている。

しかし、これらの方法でLCC各社は乗客が受託手荷物を減少させたので、バゲッジハンドラーの減員や受託手荷物の紛失の減少といった副次的効果をあげている。受託手荷物料金などの付帯サービス収入は、ライアンエアやエアアジアでは総旅客運賃収入の20%以上にも上っているという。

そして機内では食事は勿論のこと、飲み物までも多くの会社で有料とすることで収入を上げている。ギャレー（調理室）をなくせばその分客席を増やすことができ、その分さらに収益を上げることもできる。

〈ピーク期の普通運賃〉(2007年)

路線	大手	格安社	大手との運賃差	
羽田一千歳	31,700円	ADO	26,300円	(−17%)
		SKY	25,900円	(−18%)
羽田一旭川	37,200円	ADO	30,300円	(−18%)
羽田一女満別	38,700円	ADO	31,800円	(−18%)
羽田一函館	30,000円	ADO	23,800円	(−21%)
羽田一神戸	22,000円	SKY	11,900円	(−46%)
羽田一福岡	34,700円	SKY	26,900円	(−22%)
羽田一北九州	34,700円	SFJ	27,800円	(−20%)
羽田一長崎	36,700円	SNA	30,600円	(−17%)
羽田一熊本	34,700円	SNA	27,600円	(−20%)
羽田一宮崎	34,700円	SNA	27,600円	(−20%)
羽田一那覇	38,400円	SKY	24,900円	(−35%)

〈ピーク期の割引運賃〉(2007年)

路線	大手	格安社	大手との運賃差		
羽田一千歳	31,700円	SKY	13,900円	(−56%)	〈前割7〉
			15,900円	(−50%)	〈前割1〉
羽田一神戸	22,000円	SKY	9.900円	(−55%)	〈前割7〉
			10,900円	(−50%)	〈前割1〉
羽田一福岡	34,700円	SKY	14,900円	(−57%)	〈前割7〉
			17,400円	(−50%)	〈前割1〉
羽田一北九州	34,700円	SFJ	19,600円	(−44%)	〈スター7〉
			21,600円	(−38%)	〈スター7〉
羽田一那覇	37,300円	SKY	20,400円	(−45%)	〈前割1〉

〈大手の運賃体系〉(2007年)

	普通運賃	前日購入最安	7日前購入格安	事前購入最安
SKY	19,400円	16,900円	12,400円	9,400円(49日前)
ANA	32,700円	17,200円	15,400円	13,800円(28日前)
差	1.69倍	+1.8%	+2.4%	1.47倍

この機内食等の有料化は欧州では早くからライアンエアが始め、米国でも2003（平成15）年にアメリカウェスト航空がスタートさせて、今では大手でさえも追随するところが少なくない。手頃なところでは2ドル程度でクッキーやマフィンなどの焼き菓子を、5～8ドルでサンドイッチやサラダ類を提供している。ポピュラーなのは4～5ドルの「スナック・パック」（「スナック・バスケット」または「スナック・ボックス」）と呼ばれるスナックの詰め合わせだ。常温で長期保存ができるので管理の手間がかからないうえ、様々な味が揃っているから、老若男女の多様な要望に応えられる。

最も品揃えが充実しているのはユナイテッド航空で、スライスされたサラミ・ソーセージ、クッキーなど6種類からなる「ミニミール」、乳製品や果物味でまとめた「ジャンプ・スタート」、ビーフジャーキーやチョコレート・チップなど高カロリーの「クイック・ピック」、自然食品が売り物の「ライトバイト」など、乗客の嗜好に合わせて選択できる。

ただし、これらの販売は中長距離路線にかぎられ、アメリカン航空は飛行時間3時間以上、デルタ航空では「スナック・バスケット」が1時間以上、サラダやファスト・フードなどの調理品は3.5時間以上、ユナイテッドでは「スナック・ボックス」が3時間以上、調理品は5時間以上の路線にかぎられる。

このような動きは国際線にも広がり出した。アジアで「世界一安い運賃」を標榜するマレーシアのエアアジアでは、保存の利くスナック類やカップ麺を有料で販売している。エアアジアの運賃は、バンコク―マカオ間で往復約3,230円（999リンギット）という安さなので、機内食が有料なのは当然と言えなくもない。

では、日本と関係するLCCはどうだろうか、

まず、どこの航空会社でも事前予約が原則で、機内で注文できないところが多いので注意が必要である。事前予約は航空券の購入時に行い、まとめて料金を払うこともできる。

機内で注文できる会社もあるが、事前予約の方が料金は安い。これは航空会社側が余分な機内食を搭載しなくてもよいからだ。ただし、軽食やお菓子、飲み物などは機内でも販売されている。例えばエアアジア（国際線）では、事前予約で約15％割引。ジェットスター（国際線）は事前購入のみで「2食＋ドリンクのセット」が購入できるが、もし機内で注文となると割高な料金を払わねばならない。多くのLCCの機内食のセット料金は2,000～4,000円くらいだが、ピーチ・アビエーションの場合、単品でトムヤンクンたこ焼き750円、沖縄風タコライス900円、カレーライス900円、ビール600円などのメニューがある。

バニラエア（2019[令和元]年10月26日にPeach Aviationと統合）の場合、バニラエア弁当1,000円、SUSHI弁当1,200円、オムライス800円、牛すき焼丼800円、ペンネパスタ750円、メンチカツバーガー750円というメニューで、いずれもリーズナブルな価格といえよう。

そして機内に食事を持ち込むことのできる会社なら、弁当などを持ち込めば良いので、いずれにしても事前にLCC各社に確認しておいた方が良いだろう。機内への食べ物の持ち込みを禁止している会社の長距離便となると、空腹状態で長時間我慢しなければならないので要注意である。

東京・大阪・名古屋・福岡など国内13空港から香港、アジア主要都市を結ぶ香港の格安航空会社・香港エクスプレスのチェックインカウンター。同社は2004年の創業当初はフルサービスのエアラインだったが、2013年にLCCに転換されている

2 競争激化でさらに運賃の低下も

2017（平成29）年10月29日、日本の空にLCCが1社増えた。

新生エアアジア・ジャパンである。同社は名古屋（中部国際空港）－札幌（新千歳空港）間を1日2往復する。これにより、閉塞した日本の国内線航空市場の活性化が始まるかもしれないと期待された。主要2社が高運賃を維持する寡占市場に、世界でも有数の独立系低コスト航空会社が参入してきたのである。

エアアジアグループはマレーシアを本拠地とするアジア第1のLCCグループである。記憶に新しいが、エアアジアグループは2011（平成23）年に全日本空輸（ANA）とともに日本におけるLCCの先駆けとなったエアアジア・ジャパンを設立し、2012（平成24）年8月に成田－福岡線をはじめとする国内線で営業を開始した。しかし、2013（平成25）年に開業1年足らずで全日空との提携を解消したことにより、一旦はエアアジアの名前が日本の国内線から消えた。

エアアジアグループのトニー・フェルナンデスCEOはその後、直ちに日本への再進出を表明し、航空法で求められる国内線経営に必要な3分の2を担う日本人資本を楽天その他の投資家に仰ぎ、新生エアアジア・ジャパンを設立した。路線開設の準備は困難を極めたようで、4年の歳月を費やし、ようやく開業に漕ぎ着けた。

エアアジアがハブとするマレーシアのクアラルンプール国際空港。LCC時代に入ると、新興国の航空会社の進境が著しくなる

3 ANAとJALにも影響を与える

エアアジア・ジャパンは2回目の開業にあたり名古屋＝札幌間に片道5円という破格の航空券を提供したが、これは開業のキャンペーン特価である。オールインフェアと称する空港使用料なども含めた包括的な運賃として、普段は片道4,500円から5,400円、限定的に設けられたピーク日で最大2万円程度の運賃が設定される。

2017（平成29）年12月初旬では名古屋－札幌路線では各社の合計で1日17便のフライトがあった。エアアジアの2往復のほかに、それぞれ、ANAが6往復、JALが5往復、スカイマークが2往復、ジェットスターが2往復を運航していた。

平日の航空運賃（片道）で比較すると、エアアジアの4,500円に対してJALは普通運賃を4万3,210円として、エアアジア便の近傍の運航時間帯の便に、特別割引運賃として1万3,610円を設定、ANAもJALと同様に普通運賃4万3,210円に対して特割1万3610円を設定、スカイマークは普通運賃2万2,210円に対して「いま得」8,310～9,910円を設定した。さらに唯一のLCCとしての競争相手であるジェットスターは4,680円に設定し、各社ともにエアアジア開業を意識した運賃を設定していた。ただし、結果を見ると同水準の運賃を設定したいるのはジェットスターのみであった。

伊丹空港（大阪国際空港）に駐機する日本航空（JAL）のボーイング747。写真は1989年から2000年代初頭にかけてのカラーリング
写真提供：JA8772

その後、エアアジア・ジャパンは順調に路線網を拡大させ、国内の航空運賃の低減化に少なからず寄与していたが、2020（令和2）年のコロナ禍により、同社の日本国内路線は4月から全便が運休。同年8月に一部路線が営業再開したものの、その後も国内の旅客需要はなかなか回復せず、同年11月17日には東京地裁に破産申請を行うに至った。新型コロナウイルスの影響よる国内航空会社の破産は初となるほか、同年11月時点では国内のコロナ関連倒産で2番目の規模となる217億円もの負債総額となった。

東京オリンピック・パラリンピック開催（当初2020年7・8月予定）により、インバウンド（訪日客）需要がますます増加することを見込んでいたであろう同社にとっては、想像を絶する逆風に見舞われたと感じたことだろう。

一方、東南アジア域内の利用者は2020年下半期には順調に回復していることもあり、同社の本体は今後も持ちこたえるものと思われる。日本国内のコロナ禍が落ち着いた際、3度目の日本進出があることも不可能ではないだろう。

日本からは再度撤退してしまったエアアジア。日本の航空運賃に果たした影響は小さくない
写真提供：JA8772

コラム　サウスウェスト航空はなぜ成功したか

今日、世界中のLCCの多くが見本としている航空会社が、アメリカのテキサス州ダラス市を本拠地とするサウスウェスト航空である。ヨーロッパのライアンエアやイージージェット、オーストラリアのジェットスター、それにアジアではエアアジアなどがビジネスモデルとしているように、サウスウェスト航空は厳しい業界の中にあって好業績を維持している。

同航空は1967（昭和42）年に設立され、従業員数3万4901人（2010年）、2021年現在、保有機はボーイング737を900機以上も持つ規模にまで成長した。会社のキャッチフレーズとして「座席指定がない」「ファーストクラスがない」「機内食がない」「航空券がない」「VIPラウンジがない」「制服がない」「清掃員がいない」と、ないないづくしである。

このようなコスト圧縮に努め、何といっても機種をボーイング737一つに統一して運航していることが、好業績をもたらしている大きな理由であろう。それは整備費や訓練費を低く抑えられること、イレギュラーへの対応が容易であること、それに1機あたりの1日の稼働時間（8時間30分～11時間30分）を増加させることができるなどの効果を生み出す。

だが、私は、それにもまして乗員が技量面で機材に慣れることによって、安全運航にプラスに働いていることを指摘したい。そのことは事業規模の大きさの割には事故が極めて少ないという事実にも表れている。

死亡事故は、2005（平成17）年の12月にシカゴで発生したオーバーラン事故によって、空港敷地外の自動車の中にいた子供が犠牲になったことがあるが、機内では乗客乗員の死亡事故ゼロを更新してきた歴史がある。だが、過去に離着陸事故などは相当数を記録していて、2018（平成30）年4月にはエンジン爆発によって、部品が窓側の女性乗客に直撃し死亡させるという事故を起こし、これまでの安全神話に影を落としたことも記憶に新しい。

また、所有機の737では古いタイプも多く、機材の品質管理に疑問が出されたことも少なくない。2008年3月には、117機が検査期限をこえて30ヵ月も飛んでいたことがわかり、FAAから対空安全性が確保されていなかったとして罰金が課せられ、2009（平成21）年8月には約10%の機材に不適切な部品を使っていて交換を指示されたように、必ずしも安全にコストをかけているとは思えないところがある。

しかし、同社が比較的幸運だったと思うのは、起こした事故の種類が山や海に機体ごと墜落し全損するというようなセンセーショナルなものではなく、多くはオーバーランなどの、必ずしも死傷者が出るとは限らない事故などに留まっていたことである。かつての、バリュージェット社の事故や、エア・フロリダ社の墜落事故級の大事故が発生してしまうと、それだけで社運が尽きることもある。

今日までサウスウェスト航空が全損事故を起こさなかった背景には、先に述べた737一機種に統一していたことによる、パイロットの技量の安定とモチベーションが考えられる。同社はポリシーの一つとして「社員第一、顧客第二」を掲げ、アメリカの航空会社で唯一レイオフをやったことがなく、人件費率は他のLCCより約10%高く、給与水準も大手航空会社と比較しても遜色ないものとなっている。

その結果、労働争議が原因で赤字になったことは一度もないとされている。このような環境では、パイロットはモチベーションを保って仕事に励むことができ、厳しいコンディションの中でも安全運航を成し遂げようと努力するものだ。加えて、アメリカという航空先進国ならではの特殊性も強い味方だ。それは近年、航空機が山や丘に衝突するというCFIT（対地衝突事故）の撲滅に成功していることが一例である。管制レーダーに組み込まれたMSAW（最小高度警報装置）というシステムにより危機を探知する仕組みが構築されているからだ。

その結果、アメリカでは1日に約3万便ものフライト（日本では年間で21万9,000便）があるにもかかわらず、近年CFITを耳にすることもなくなったのである。アフリカや南米、それにアジアなど山岳地帯を抱える地域では、未だにCFITが続いている。アメリカではこのCFIT防止に限らず、管制官の技量が高いことが安全運航に大きく寄与していると言えよう。彼等はパイロットの仕事内容やジェット旅客機の飛行特性をよく理解しているから、パイロットを上手くサポートできるのだ。

そして忘れてはならないのは、アメリカのパイロットの技量や判断力は、他の国々と比べ質的に高いということである。アメリカ人にとって、飛行機は若い時分から自動車のように身近な存在であり、社会に航空の文化が根付いているからだ。

全機種をボーイング737に統一するなどの合理化により、低廉な運賃を実現したサウスウェスト航空。青の原色に尾翼・主翼先端部に黄色と赤の原色を配したカラーリングの同社航空機は今や全米各地で見ることができる　写真提供：Tomás Del Coro

2012年に運航を開始したLCCのピーチ航空。関西を拠点に全国各地に路線網を有しており、国内の航空運賃の低減化に大きく寄与している　写真提供：ピーチ・アビエーション

ピーチ航空の乗機風景。LCC各社は空港によってはボーディングゲートを使用しないケースも多い

ピーチ航空の航空券。感熱紙のレシートスタイルとなっており、かつての航空券とは様相が大きく異なる
写真提供：ピーチ・アビエーション

7章

航空運賃の中味

この章では運賃とは何か、そしてそこに含まれているものと含まれてないものにはどんなものがあるか、をまとめてみたい。

そもそも運賃とは一体何か？

広辞苑によれば、「運賃」は「運送料」とあり、「運送」は「貨物及び旅客を一定の場所から他の場所に送り移すこと」とあり、「運送料」とは「貨物または旅客運送の報酬として受ける対価。運送代。運賃」とある。

これらを総合すれば「運賃」とは「貨物及び旅客を、一定の場所から他の場所へ送り移す（運送）ことの報酬として受ける対価」と定義されることになろう。そして国際線の運賃には旅客運賃と貨物運賃とがあるが、国際線旅客運賃については、まずそれを決める国際線旅客運送がある。

「国際線旅客運送」とは、特に断らない限り、「定期航空会社の航空機による旅客及び手荷物の国際運送」をいう。では、「国際運送」とは何か。日本における運送約款の典型的な存在である日本航空の『国際運送約款―旅客及び手荷物』（以下、単に「運送約款」という）の『第１条』（定義）によれば、「運送契約により、出発地といずれかの着陸地が２国以上にある運送をいい、ここでいう国とは、主権、宗主権、委任統治、権力または信託統治の下にあるその国全地域（すなわち、信託統治領などの海外領土も含む）をいう」と定義されている。

したがって、「旅客及び手荷物の、出発地といずれかの着陸地が２国以上にある国際運送に関し、運送人（航空会社）が公示する一定の運送条件を前提とする運送を実行するに際し、運送人（航空会社）が受け取る対価」が「国際線旅客運賃」である。この運賃を構成する要素として、後に述べる運航費など運賃に含まれるものと、そうでないものを区別しておきたい。

ANAの自動手荷物預け機
「ANA Baggage Drop」

1 運賃に含まれるものと含まれないもの

運賃に含まれるものとしては、まず手荷物運送料がある。

旅客の支払う運賃によって、それぞれ所定の量または個数の手荷物の運送が、無料で認められる。「無料手荷物許容量」（Free Baggage Allowance）が、これである。日本発着の運送では、太平洋線とグアム・サイパン線が個数制であり、ファーストクラス運賃旅客、中間クラスおよびエコノミークラス運賃旅客それぞれの、一定容積の手荷物2個までが、無料許容量である。上記2方面を除く他の路線では、ファーストクラスと中間クラス運賃旅客（または、エコノミークラス運賃で中間クラスの利用が認められる路線の、中間クラス利用旅客）が30kg、エコノミークラス運賃を支払うエコノミークラス旅客が20kgの、重量制による無料許容量となっている。これら無料許容量の手荷物運送料は、すでに運賃の中に含まれている、と考えることができよう。

これらを超える重量の手荷物の運送に対しては、所定の料率による超過手荷物料金を支払わなければならない。そして、その基準も各種航空

空港の手荷物受取レーン。荷物の無料許容量は航空会社によって異なるため、利用前の確認が重要。LCCを中心に預託手荷物をすべて有料としているケースも多くなっている

アンカレッジ国際空港。旧ソ連が健在だった時代はシベリア上空を通過することが困難なため、日本と欧州を結ぶ路線はこの空港を経由することが多かった

券によって異なっている。加えて、LCCがこれら手荷物について、運賃とは別に徴収するなどの例外も今日では一般化している。

次に領空通過料がある。現在では多くの国が自国の領空を飛行する他国の民間航空機に対し通行税（上空通過料）を徴収しているが、それはICAOやIATAの規定にはないもので、各国の裁量で任意に設定しているものである。ロシアは、シベリア解放によって、日本からヨーロッパに行き来する航空機が直行できるという足元を見て、片道約50万円の上空通過料を設定、それに対し国際的批判を受け、減額に合意していたが、その実行には疑問が出されたままである。日本の場合、国際線旅客に対する日本国内通行税は、航空券発行時に徴収してその税金欄に明示される。

一方、運賃に含まれていないものに、後述する出国税、それに空港利用税などがある。これらの税金は国によって異なっているが、一般的にはこれらは運賃には含まれず、これまで各空港によって別途旅客から徴収されていたが、今日では航空券発行時に徴収して、航空券の税金欄に明示するという方法が増えてきた。

ロンドン・ヒースロー空港と市内を結ぶヒースロー・エクスプレス

台湾（中華民国）の桃園機場捷運の車内。近年はアジア諸国でも空港アクセス鉄道の開業が相次いでいる

しかし、出国税や空港利用税が航空運賃に含まれる、すなわちその税金額相当分を運賃の値上げによって吸収することはしばしばなされている。ギリシャ、エジプト、イタリア発着の運賃では、過去に、こうした運賃改定が実施されてきた。したがって、各国の税金の税率・規則については、常に新しい情報を入手しておく必要がある。

運賃に含まれないものには空港から地上連絡運送料もある。

運賃は2都市間の料金として設定されていることは、前述したとおりだが、実際の運送は、各空港間の運送として行われる。したがって、実質的には、運賃は、出発地（都市）の空港から到着地（都市）の空港までの運送料として設定されている。空港地域内、または、同一都市の他の空港間や、空港と市内間の地上連絡運送については、一般的にはその料金を含んでいない。ただし、都市によっては、これが航空運賃に含まれている。すなわち、「別途料金を支払う必要はない」とする例外が認められている。

2 運賃の成分

航空運賃は航空会社にとって唯一の基本的収入源であり、わけても旅客運賃収入は、営業収入の8割から9割を占めている。

航空会社の営業費用を大別すると、人件費、航空機等の減価償却費および賃借料、航空燃料費、空港使用料、代理店手数料の5大費目で総費用の65%ないし70%を占めている。

各費目の推移（表7-1）を見ると、人件費は一貫して漸増しているが、減価償却費は1975（昭和50）年を頂点に、その後減少に転じた。これに対して燃料費、空港使用料、代理店手数料の増加は著しい。なかでも燃料費は、石油危機の1974（昭和49）年に激増し、日本航空、全日空の両社とも、この年に燃料費が減価償却費をはじめて上回った。

すなわち、人件費は漸増気味であり、減価償却費の比率は半減した。これに対して燃料費はほぼ2倍と比率が高くなっている。

営業費用の主要費目（当時の推移）

費目＼年度	1971	1972	1973	1974	1975	1976
人件費	443 101	535 159	718 215	814 300	918 352	1,013 396
減価償却費および賃借料	343 162	398 191	426 186	478 238	503 257	479 242
航空燃料費	180 56	211 99	301 150	653 282	715 370	750 402
空港使用料	84 34	104 49	110 54	121 69	166 120	190 150
代理店手数料	101 31	119 40	136 60	156 77	205 106	260 102
総営業費用	1,798 639	2,092 817	2,536 1,055	3,231 1,476	3,539 1,777	3,816 1,897

各項目とも上段日本航空、下段全日本空輸有価証券報告書による。

かつては営業費用の10%程度を占めていたにすぎない航空燃料費が、一挙に20%にまで増加した原因の一因は、もちろん、1973（昭和48）年から始まった石油危機にあった。加えて、日本では燃料費には米国と比べて数十倍にのぼる燃料税も含まれている。そして税金といえば次に述べる多くの公租公課もあり、これら全てを含めると航空運賃の25%を占めているのである。

●大きな公租公課の負担

航空会社の費用のなかで、航空燃料費と並んで注目すべき動きを示しているのは、空港使用料である。これは1970（昭和45）年に設けられた空港整備特別会計の自己財源となるものだが、航空機が空港に着陸するたびに支払う空港使用料は、普通着陸料の他、1971（昭和46）年8月に新設された航行援助施設利用料、1975（昭和50）年9月に新設の特別着陸料という三つの料金が主体をなしている。機種ごとに、また国内線と国際線によって、この料金は異なるが、国内線について見ると、普通着陸料は1970年に50%、1977（昭和52）年に100%の値上げを実施してきた。

たとえば国内線用航空機のなかで一番大きく、かつて幹線では主力だったボーイング747SRの場合、普通着陸料がおよそ20万円、航行援助施設利用料35万円、特別着陸料21万5,000円で、合計すると76万5,000円にもなる。

これが国際線となると重量が大きくなることが多く、ボーイング747－400での成田・羽田空港での1日の普通着陸料は95万円弱とはね上がった。ちなみに、ニューヨークのケネディ国際空港では約24万円、ロサンゼルスは9万円、パリでは約40万円、香港では28万円であった（1997[平成9]年の「数字で見る航空）より）。

特別着陸料というのは、航空機騒音対策事業の財源に充てるために1975年に新設されたもので、「ジェット料金（大人で750円）」はこのための料金である。

さて、これまでに見てきた高額の空港使用料は空港整備特別会計を支えるものだが、この会計は「特別会計」という性格だから、もっぱら利用者の負担にたよることになる。つまり羽田空港沖合展開事業（D滑走路新設）、関西国際空港、中部国際空港（セントレア）などの空港建設は、財政投融資が導入されたといっても、依然、会計全体の90%以上を利用者が負担する構造には変わりはない。

この利用者負担割合は、港湾の約25%、道路の約64%と比べてもかなり高いものである。このように高額な公租公課に対して航空会社側は一貫して引き下げを政府に要求してきたものの、航空審議会の1994（平成6）年の答申では「空港整備特別会計への一般財源や財政投融資を投入しての空港使用料の引き下げは、新幹線等との運賃政策上のバランスを失し、将来同特別会計の破綻を引き起こしかねないので不適当」と、公示運賃そのものを引き下げる具体的方策があるのに、新幹線運賃とのバランスを崩すことになるので政策上引き下げは困難として今日に至っている。

このように利用者負担で各地の空港建設の費用を補うことが妥当なのか、あるいは空港建設は国の事業（一部は自治体も）なのだから、空港整備特別会計に一般財源を導入して航空運賃を引き下げるべきかどうかを決めるのは国会、つまり国民の意思ということになる。

膨れ上がった空港建設費のツケは旅客に回される（写真は中部国際空港・セントレア）
撮影：筆者

3 運賃は距離に比例するのか？

鉄道運賃は乗車する距離に概ね正比例して高くなっていくが、航空運賃はどのような法則で決められているのか。

一般的に、航空運賃は運航「距離による逓減制」が採られている。というのも航空機が使う燃料は離陸と着陸でかなりの量を使うが、これは短距離の便でも長距離の便でもあまり差はない。しかし、どちらも1回の離着陸が必要である。長距離便は巡航部分が多く、それぞれの1回のフライトを比較すると長距離便の方が相対的に燃料費は少なくなる。ただし、そうはいっても巡航時間が長い長距離便の方が絶対的に燃料を多く使う。つまり運賃は基本的には運航時間に比例するものの、このような「距離による逓減制」も適用されていることを知っておいてほしい。

しかし、航空運賃は距離という基準だけで決められていない。例えば新幹線との競合区間は政策的に低く抑えられていて、逆にその競合のない山陰、四国地域などは割高となり、さらに離島ともなればさらに高額に設定されている。そのために地元の住民限定に割引運賃が設定されているのである。

国際線の場合はさらに複雑である。例として日本とロンドン、日本とニューヨークの運賃を比較すると、日本からの距離はロンドンの方が短いにもかかわらず、航空運賃は高くなっている。東京―ロンドン間の距離は1万0008km、飛行時間は11時間45分（春季・東行き・ボーイング777）に対し、東京―ニューヨーク間は距離が1万0840km、飛行時間12時間40分（同）だ。ところがエコノミークラス運賃は、ロンドン往復が58万4,700円（平日・制限付きのエコノミー運賃）に対し、ニューヨーク往復は44万3,700円にすぎない。格安券の通常期の相場ではロンドン10万円、ニューヨーク8万円といったところだろう。この理由は、それぞれの地域の物価などによって、この場合、ヨーロッパの航空会社

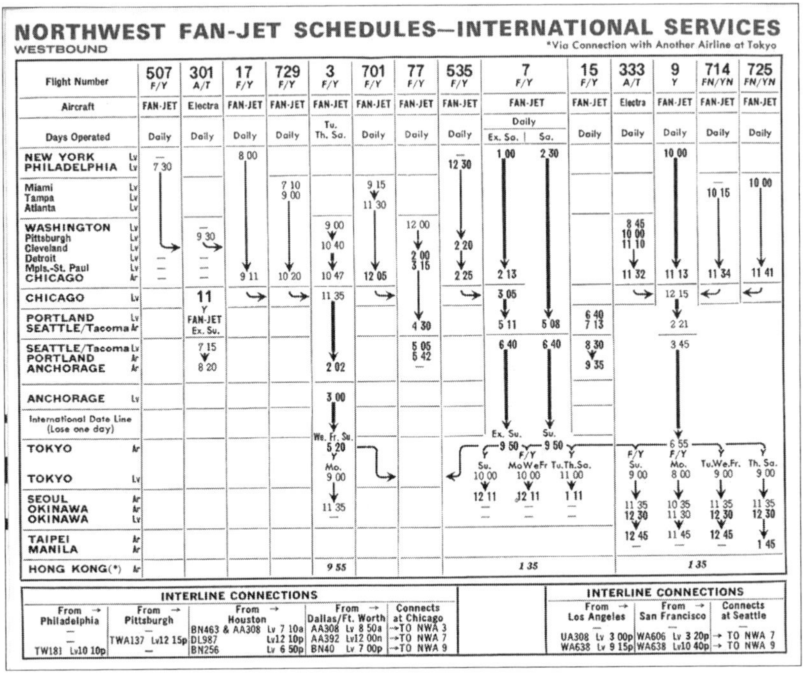

NORTHWEST FAN-JET SCHEDULES—INTERNATIONAL SERVICES

WESTBOUND

*Via Connection with Another Airline at Tokyo

Flight Number	507 F/Y	301 A/T	17 F/Y	729 F/Y	3 F/Y	701 F/Y	77 F/Y	535 F/Y	7 F/Y		15 F/Y	333 A/T	9 Y	714 FN/YN	725 FN/YN
Aircraft	FAN-JET	Electra	FAN-JET	FAN-JET	FAN-JET	FAN-JET	FAN-JET	FAN-JET	FAN-JET		FAN-JET	Electra	FAN-JET	FAN-JET	FAN-JET
Days Operated	Daily	Daily	Daily	Daily	Tu. Th. Sa.	Daily	Daily	Daily	Daily Ex. Sa.	Daily Sa.	Daily	Daily	Daily	Daily	Daily
NEW YORK Lv PHILADELPHIA Lv	— 7 30		8 00					— 12 30	1 00	2 30			10 00		
Miami Lv Tampa Lv Atlanta Lv				7 10 9 00		9 15 11 30								— 10 15	10 00
WASHINGTON Lv Pittsburgh Lv Cleveland Lv Detroit Lv Mpls.-St. Paul Lv CHICAGO Ar	→ — — —	— 9 30 → — — —	9 11	10 20	9 00 10 40 10 47	12 05	12 00 2 00 3 15	2 20 2 25	2 13			8 45 10 00 11 10 11 32	11 13	11 34	11 41
CHICAGO Lv		11	→	→	11 35	→		→	3 05			→	12 15	←	←
PORTLAND Lv SEATTLE/Tacoma Ar		Y FAN-JET Ex. Su.					4 30		5 11	5 08	6 40 7 13		2 21		
SEATTLE/Tacoma Lv PORTLAND Ar ANCHORAGE Ar		7 15 8 20			2 02		5 05 5 42 —		6 40	6 40	8 30 9 35		3 45		
ANCHORAGE Lv					3 00										
International Date Line (Lose one day)					We. Fr. Su.				Ex. Su.	Su.					
TOKYO Ar					5 20 Y	→		←	9 50	9 50			6 55		
TOKYO Lv					Mo. 9 00				Y Su. 10 00	F/Y MoWeFr 10 00	Y Tu.Th.Sa. 11 00	F/Y Su. 9 00	F/Y Mo. 8 00	Y Tu.We.Fr. 9 00	Y Th. Sa. 9 00
SEOUL Ar OKINAWA Ar OKINAWA Lv					11 35 —				12 11 — —	12 11 — —	1 11 — —	11 35 12 30	10 35 11 30	11 35 12 30	11 35 12 30
TAIPEI Ar MANILA Ar												12 45 —	11 45 —	12 45 —	1 45
HONG KONG(*) Ar					9 55				1 35				1 35		

INTERLINE CONNECTIONS

From → Philadelphia	From → Pittsburgh	From → Houston	From → Dallas/Ft. Worth	Connects at Chicago
—	—	BN463 & AA308 Lv 7 10a	AA308 Lv 8 50a	→TO NWA 3
—	TWA137 Lv12 15p	DL987 Lv12 10p	AA392 Lv12 00n	→TO NWA 7
TW181 Lv10 10p	—	BN256 Lv 6 50p	BN40 Lv 7 00p	→TO NWA 9

INTERLINE CONNECTIONS

From → Los Angeles	From → San Francisco	Connects at Seattle
—	—	—
UA308 Lv 3 00p	WA606 Lv 3 20p	→ TO NWA 7
WA638 Lv 9 15p	WA638 Lv10 40p	→ TO NWA 9

アメリカ・ノースウエスト航空の時刻表（1960年代）。この時代は航空需要そのものが小さく、割引運賃の設定など夢のまた夢だった　画像提供：曽我誉旨生

が望む水準に高く設定されているに過ぎない。

一方、米国路線では競争が激しくアジアの航空会社の参入も多く値段が上がりにくくなっているという面もある。また、欧州線の運賃を高くしている要因には、国際航空輸送協会（IATA）の運賃制度がある。IATAでは距離当りの単価で運賃を算出するのではなく、全世界を3地域に分けて地域ごとに決定する「ゾーン制」が採られている。第1地区が南北アメリカ、第2地区がヨーロッパ・アフリカ、第3地区がアジア太平洋地域である。しかも、運賃の決定は多数決ではなく、全会一致を原則としているため、運賃を自由化して下げようと考えるメンバーの多い地域は下がるが、運賃水準を維持しようと考える保守的なメンバーが多い地域では下がらない。

米国では「IATAの運賃はカルテルの疑いが濃厚」と戦後一貫主張してきたために、米国エアラインは協議に消極的だが、イギリスをはじめとする欧州諸国は「秩序ある競争」を唱えてきた。

さらに、飛行ルートも大きく関わっている。日本からヨーロッパへの飛行ルートは当初はインドシナ半島、インドなど陸地伝いに飛行する約1万5,000キロ(東京―ロンドン間)、所要時間56時間の南回りだった。1957(昭和32)年にスカンジナビア航空が地磁気の影響を受けないジャイロによる北極上空を飛行する技術を開発したことにより、コペンハーゲンからアンカレッジを経由して32時間で東京に到達し、所要時間を24時間も縮めた。その後、ジェット機が導入され、南回りは2日、北回りは17時間で飛ぶようになった。70年代にはソ連(当時)がシベリア上空を開放したことにより、直行ルート(1万キロ)が開設された。

しかし、多くのエアラインは使用機材や関係国との航空協定の関係で、3つのルートを自由に選択することができなかったので、3本のルートは同じ運賃に設定された。つまり、1万5,000キロの運航コストを元に1万キロの運賃も決められたのである。

1970～2000年代の日本航空(JAL)の主力機だったDC10。国際線・国内線の両方で使用されていた。尾翼の下に3つ目のエンジンがあるのが特徴。写真の機材はDC-10-40と呼ばれる仕様。北極圏上空を通過する路線でも活躍した　写真提供：北島幸司

4 燃油サーチャージ

燃油（ねんゆ）サーチャージとは、燃料とする石油（ケロシン、軽油、重油など）の価格に追随する、運賃とは別建てで徴収される料金のこと。名称としては、燃油特別付加運賃、燃料油価格変動調整金、燃料加算金、燃料課徴金、燃料サーチャージ、フューエルサーチャージ（英語：Fuel Surcharge）などとも呼ばれる。

燃料価格の急激な変動により、契約または料金表設定時の運賃では、運航する燃料代が賄えない事態に対応する措置として、海運業界が1975（昭和50）年頃から導入し、2000年代には航空、陸運業界にも広まった。料金表を設定し、運航時点での燃料価格に応じた価格をサーチャージとして追加徴収する形式が一般的で、燃料価格が一定以下に下落した場合は徴収しない料金表とする場合もある。

燃油サーチャージ導入の背景にある燃油価格の高騰は、航空会社や海運会社の収益を相当悪化させており、例えば、2005（平成17）年9月にはデルタ航空やノースウェスト航空が連邦倒産法第11条の適用を受けている。航空業界では、湾岸戦争以降の原油価格高騰に対する措置として、1997（平成9）年にIATA（国際航空運送協会）が制度を認可し、2001（平成13）年から導入されている。

ただし、IATAの協定料金ではなく、適用の有無やタリフについては基本的に各航空会社の判断により、航空当局に申請して審査された後に認可される。

一般的な指標は、ケロシンタイプジェット燃料の市場スポット価格で、北米地域ではガルフコース（メキシコ湾岸地域）、アジア地域ではシンガポール、ヨーロッパではロッテルダム（オランダ）の市場価格が主に参考とされている。

通常は航空会社が荷主、フォワーダー（自らは輸送手段を持たず、他社が運営する交通機関を用いて貨物輸送を行う事業者)、または搭乗乗客に請求するが、航空便を利用した小口貨物（宅配便など）について運送会社が顧客に設定する場合もある。

国際便では、航空運賃は二国間の協定により定められることが一般的なため、燃油サーチャージ料金については、通常双方の航空会社間で調整した後、政府に対して申請して、認可される。

日本では「燃油特別付加運賃」の名目で届出されており、貨物機については2001（平成13）年、旅客については2005（平成17）年から導入された。国内線でもフジドリームエアラインズ（FDA）が2011（平成23）年9月1日搭乗分より導入している。

日本航空（JAL）や全日本空輸（ANA）では、シンガポールケロシン市場の過去2ヵ月の平均価格が60米ドルで廃止するとしていたが、2015（平成27）年4月1日から日本円建てとなり、米ドルとの為替レート変動サーチャージを加味して、1バレル6,000円を下回った場合に廃止されることになっている。この急な変更について、旅行代理店や利用者から「為替レート変動リスクを利用者ばかりが負担するのはおかしい」と不満が出ており、韓国の大韓航空やアシアナ航空では、この時点でサーチャージ費用を撤廃していたため、日本の利用客が不満の声を挙げていた。

一部の格安航空会社や旅行代理店では、燃油サーチャージ自体を徴収していないか、もしくはパッケージツアー代金に組み込んでいる。2016（平成28）年4月1日発券分からJALとANAは原油価格の大幅な下落により、日本発の国際線で燃油サーチャージを6年半ぶりにゼロにすることになったが、対米ドル円安の進行により、航空会社の業績は絶好調にもかかわらず、10ヵ月後の2017（平成29）年2月1日発券分より、燃油サーチャージの徴収が復活した。

このサーチャージの額は同一路線にあっても航空会社によって異なるほか、コードシェア便の場合は同一フライトでも購入する便名によって異なることがある。いずれにしても、都市によって季節によって大きく変わる燃油サーチャージ。この付加運賃制度や金額は航空会社によって異なるが、正規運賃でもさらにクラス別でも同じ金額となっているので、場合によっては航空券とほぼ同額、あるいは航空券より高くなってしまうという、何ともやりきれない思いをするものである。

空港での給油風景。近年の燃料費の高騰は航空運賃に少なからず影響を与えている。撮影：筆者

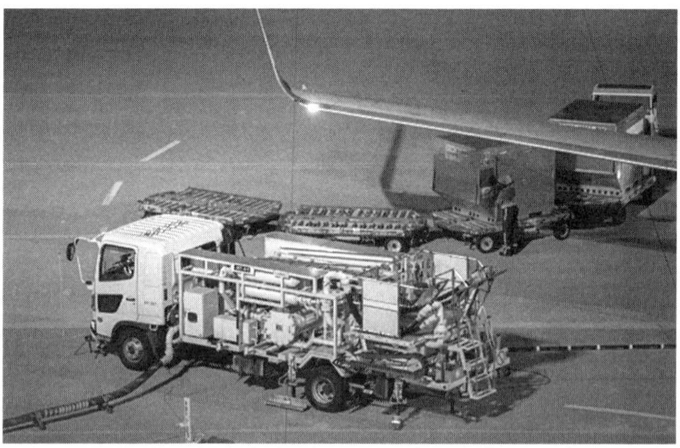

日本は航空燃料のすべてを海外からの輸入に頼らざるを得ない。そのため、国際的な燃料費変動は航空会社の経営にも大きな影響を与える。写真は空港の燃料給油車

5 空港使用料と税金等

空港を出発・到着する時や国際線では出入国時に支払う料金は、空港使用料や出入国税、あるいは保安料、審査料等、空港によって、あるいは国によって名称も金額も異なっていて実に複雑である。中には、例えば空港使用料の中に出国税が含まれていたりして、その内訳を知るにも苦労させられることが少なくない。

そして国や空港によってはそれらを合算した料金がかなりの額になることもある。せっかくLCCなどを使って安い航空運賃で旅行できても、空港で高額の諸費用を徴収されたら何にもならないと感じることだろう。そこで本書の巻末に、日本と海外の主な国の空港でかかるこれらの諸費用の一覧表を添付したのでそれを参照していただくとして、ここではその一部を例として紹介してみることにする。まず、世界でもこれらの項目が多く複数重なっている国が米国である。

国際通行税（到着、出発のいずれも）14.1ドルをはじめ、入国審査料7ドル、税関審査料5ドル、動植物検疫使用料4.95ドル、空港保安料2.5ドル、空港施設使用料3ドル、（ニューヨークのジョン・F・ケネディ空港など）が請求される。これだと、JFK空港の到着時には合計36.55ドル（約4,020円）、出発時19.6ドル（約2,150円）になる。

項目の多さではイタリアも引けをとらない。出国税8.26ユーロ、自治体税2ユーロ、搭乗料5.63ユーロ（ローマ）、保安税1.81ユーロ、荷物保安料2.05ユーロ（ローマ）で、出発時の合計は19.75ユーロ（約2,480円）だ。ドイツは保安税と旅客サービス料の2本立てだが、フランスは多岐にわたる。民間空港税7.04ユーロ（EU以外の国際線）、空港税8.5ユーロ（パリ発）、旅客サービス料12.10ユーロ（パリ発国際線の例）に4ユーロが加わるので、エコノミークラスの合計は31.64ユーロ3,980円となる。

先進国の中で金額が最も高いのはロンドンのヒースロー空港で、航空旅客税20ポンド（EU以外の国際線エコノミークラス）と旅客サービス料（ヒースロー空港出発のみ）11.9ポンドで合計31.9ポンド（約4,670円）にもなる。ただし、ヒースローは着陸料などエアラインに課している使用料が安い。このように国や空港によって金額が大きく異なるので、旅行者は旅程への考慮や仮に入国した後も鉄道やバスも上手く使い、高額な使用料を払う空港からの出国を避けることも一案といえるだろう。

次に日本では、「空港使用料」と2019（平成31）年1月から開始された「出国税」を知っておく必要がある。まず「空港使用料」は、成田空港では「旅客施設使用料」として大人1人当り2,040円、中部空港では2,500円、関空では2,650円、福岡空港では945円（いずれも国際線）が徴収される。空港建設にかかった費用を旅客個人からも徴収しようというものだが、旅客の払う運賃からエアラインが着陸料、停留料、燃油税などを支払っているのに、別途に徴収されるのはおかしなことだ。

日本で空港使用料が設定されたのは、1978（昭和53）年に開港した成田空港からだ。空港反対運動の影響で開港が大幅に遅れ、増えた経費の穴埋めに「旅客サービス施設利用料」（PSFC）なる名目が捻り出された。財務状況の厳しい数年間の暫定措置とみられていたが、そのまま恒常化してしまった。「旅客サービス施設使用料」は、せめて成田だけにしてほしいと思っていたが、関西国際空港、中部国際空港、福岡空港（国際線）などにも登場し、金額はさらにアップされた。

現場では当然、旅客からの不満が出るので、空港公団（当時）は運賃に組み込んで徴収する方式に切り替えた。旅客は知らずにPSFCを支払うためトラブルは激減した。2005（平成17）年10月からの着陸料2割値下げの折にも、利用者からの声があがらないのを幸いにPSFCについては検討の対象にもなっていない。

それどころか制度が定着したとみた国は、国内線でも同様な徴収を認めるようになった。羽田空港の新ターミナルビルが完成してから100円、中部国際では200円、北九州空港では100円が徴収される。羽田と中部は建設費が多額に上ったから理解できるが、北九州の設備は他の地方空港と同様で、旅客サービスに特段のプラス要素もないことからすると、納得がいかないものだ。

次に「出国税」である。

出国税は、世界のどの国でも徴収しているというわけではないが、さりとて珍しいというものでもない。日本では2019（平成31）年1月7日から新たに国際観光旅客税（いわゆる出国税）が導入された。これは海外旅行や出張に行く日本人や海外から来日する外国人が、日本を出国する際に課せられる税金である。

１回につき1000円、その使い途はストレスフリーで快適に旅行できる環境の整備、わが国の多様な魅力に関する情報の入手の容易化、地域固有の文化、自然などを活用した観光資源の整備等による地域での体験滞在の満足度向上とされている。具体的に対象になるのは、日本から出国するすべての出国者、ただし２歳未満や乗り継ぎ旅客（入国後24時間以内に出国)、天候その他の理由により日本に緊急着陸したり、日本に戻ってきてしまった人は対象外となる。料金は空港使用料などと同様、航空券やツアー購入の際に料金に上乗せする形で徴収されるので、基本的には別途納税手続きなどの必要はない。

イギリスの空港関係諸税は高額なことで定評がある。さらに、移動する距離や利用する客席クラスによって料金が変わってくる。写真はヒースロー空港（ロンドン）

コラム　インターネットを使った国際航空券の買い方

国際線の安い航空運賃は、1990年代後半までは旅行会社で販売される格安航空券が主であったが、その後の規制緩和によって航空会社が直接安いゾーンペックス運賃を販売するようになり、今日ではそれらも含めインターネットを活用した販売が主流となっている。利用者は各航空会社のHPやメールマガジン、それにTraicy（トライシー）などのトラベルメディアの情報から航空会社が期間限定で発売するクラスごとのセール運賃などを購入することが出来るようになっている。最安値の航空券を手に入れるには基本的には航空会社のHPからだが、航空会社を問わない場合ではSkyscaner（スカイスキャナー）やExpedia(エクスペディア)などの航空券予約サイトを使い、具体的な期日や区間それに搭乗クラスを入力すればよい。この他にも大手ではJTBやHISのサイトから、中小旅行会社が販売する格安航空券はYahooトラベル、LINEトラベルなどのサイトをチェックすれば希望する航空券を入手できるようになっている。

Galileo

Eチケットレシート
ELECTRONIC TICKET ITINERARY/RECEIPT

もっと世界を楽しもう
H.I.S.
Love. Peace. TRAVEL

ご出発日	2016年2月19日(金)	このEチケットレシートは、ご搭乗時にお持ちになってください
ご利用航空会社	Malaysia Airline(マレーシア航空)	
ご出発便	MH 0071 便 / 21:40発	
	ご出発便の2時間前を目安に、お早めにチェック・インなさって下さい	
ご利用空港/ターミナル	東京(成田空港) - TERMINAL 2	
チェック・インカウンター	ご利用航空会社カウンター	

予約システム番号 SYSTEM NUMBER	SR82ZK
航空会社予約番号 REFERENCE	L4X6Y/MH
お名前 NAME	
航空券番号 TICKET NUMBER	232 8919424163
発券日 TICKETING DATE	2016/01/10
発券航空会社 TICKETING AIRLINES	Malaysia Airline(マレーシア航空)
発券事務所 TICKETING PLACE	H.I.S. CO.,LTD.(16301445)

DATE	CITY / AIRPORT - TERMINAL (FLIGHT INFORMATION)	DEP/ARR (FLT TIME)	STATUS
2016/02/19 (FRI)	NRT - TOKYO (NARITA) / 東京(成田空港)-TERMINAL 2 KUL - KUALA LUMPUR / クアラルンプール-TERMINAL M MALAYSIA AIRLINE(マレーシア航空) MH71/N FB:NBC1MJP BG:30Kg NVB:19FEB NVA:19FEB < L4X6Y / MH >	21:40 04:15+1 (07:35)	OK
2016/02/20 (SAT)	KUL - KUALA LUMPUR / クアラルンプール-TERMINAL M RGN - YANGON / ヤンゴン MALAYSIA AIRLINE(マレーシア航空) MH740/N FB:NBC1MJP BG:30Kg NVB:20FEB NVA:20FEB < L4X6Y / MH >	10:05 11:15 (02:40)	OK

現代はパソコンを使用したオンライン予約が主流。インターネット上で複数の旅行会社の価格を比較することもできるほか、自分の好みにあった旅程のアレンジも自由自在だ

8章

これからの航空運賃（提言）

現在の航空運賃は高いのか安いのか、あるいは妥当な値段であるのか、見方は様々であろうが、私なりに整理してみたい。

まず、国内線運賃は鉄道運賃と比較しても、これまで見てきたように、その差はかなり縮小され、大卒初任給という以前よく使われた尺度を用いても、航空便を利用することが生活に経済的な影響を与えるというほどではなくなったことは事実であろう。例えば、羽田―新千歳空港間の大手の運賃を見てもANAの「旅割」で片道10,700～30,600円、普通往復運賃34,500円と新人サラリーマンでもなんとか利用できる範囲のものとなっているだろう。

成田を利用すればLCCでさらに安い運賃があるのはご承知のとおりだ。そして北海道に限らず、日本の地理的条件を考えれば、大きな4島を結ぶルートはそれぞれ1本程度に限られ、鉄道を利用すると北は津軽海峡、西は関門トンネルをくぐり、四国は本四に架かる鉄道橋上を走らなければならない。

成田空港第三ターミナルでは、多くのLCCが発着する

しかし、飛行機なら北海道の道北や道東の空港、九州なら大分から南九州、あるいは熊本、長崎に直行できるので直線距離を飛行する時間は短く、それに相当する航空運賃も割安となる。鉄道なら東京から博多、あるいは小倉までの区間と九州内での区間を合算したものとなるが、飛行機なら直線部分を飛行時間に換算したものだけで済む。

一方、国際線運賃はどうか。現在は、ファーストクラスは昔と比べてかなり高額となり、格差社会を反映する形だが、ビジネスクラスやエコノミークラスなどは各種割引運賃も増え、これも新人サラリーマンの初任給比較でも過去とは比べものにならない程度に、相対的に安くなっているのではないか。大手航空会社からでも、ヨーロッパやアメリカ大陸を個人旅行するのに約10万円で往復できるような航空券が多く出されている。旅行会社のパック旅行では宿泊等を含め、さらに割安な旅行も年齢層の差なく利用しやすいものになっている。

もっとも、これら航空運賃も、燃油サーチャージの行方など必ずしも現在の水準が維持される保証はないが、それでも他に贅沢さえしなければ、年に一度程度の海外旅行も手の届く範囲になっていると言えよう。航空券がこのような水準にまで生活費との間で相対的に低いものになってきたのは、著しく増えた航空需要と航空各社の競争原理、それに航空会社の経費削減などの努力によるところが大きいだろう。

高額なファーストクラスの運賃の是非は別にして、現在市場に出回っている多種多様な割引運賃や格安運賃については、利用者がその条件をよく理解していれば十分に合理的な水準になっている。あるいは、後に述べるが、航空会社の経営や安全運航を阻害するほどの水準にまで低下していると考えられなくもない。ただ、普通運賃は多くの人が実際に利用している実体を考えるならば、やはり高止まりの感は否めない。例えば、羽田から女満別を見ると、JALで片道46,100円と決して安くはない。これでは急に所用ができて、どうしても航空便を利用しなければならない側に立てば安くならないものかと考えてしまうのも仕方ないことだ。

前にも述べたように、普通運賃は各種変更やキャンセル、それに他社への振替も可能とはいえ、新幹線と競合する路線ではそれを下廻らないなどとするような政治的、社会的要因で設定されているのはいかがなものであろうか。例えば、運航当日に実際に空席があれば、もっと安い普通運賃を設定するなどの工夫があってしかるべしと思うのである。空席があれば、シルバー割引やスカイメイトなどかなり割安な運賃があることを考え併せても実現不可能とは思えない。国内運賃は届出制に変わっているので、簡単にできるはずである。要は利用者本位の普通運賃にすべきなのだ。

これは国際線でも同様である。以前、筆者が成田からフランクフルトに到着後、鉄道を利用してのポーランドのブラツロフへの予定を変更してルフトハンザのカウンターに行き、フランクフルトからカドヴィーチェへの直行便（飛行時間1時間15分ほど）を利用しようとしたことがある。予定変更は、当初の旅程にないアウシュビッツ収容所を見学したくなったからで、最寄りの飛行場へのフライトを希望したのだった。

しかし、空席はあったものの当日では普通運賃でなくてはならず、その料金を聞いてビックリ、約500ユーロ、日本円に換算すると当時のレ

JAPAN AIRLINES　　▸国内線TOP　ヘルプ

運賃案内　選択された日付・区間の運賃額は以下のとおりです

選択内容

搭乗日　2018年2月2日　　利用区間　東京(羽田・成田)→女満別

運賃表（一部の運賃のみです）

－：この運賃はご利用いただけません。

普通席　クラスJ　ファーストクラス

運賃の種類	JAL運賃額	Web予約・購入	タッチ＆ゴー
大人普通運賃	46,100	○	○
小児普通運賃	23,050	○	○
往復割引	41,900	○	○
身体障がい者割引	27,050	○	△*3
JALビジネスきっぷ	39,600	○	○
eビジネス6	37,000	×	○
株主割引	23,050	○	○
小児株主割引	11,550	○	○
おともdeマイル割引	13,000	○*1	×

運賃の種類	JAL運賃額	Web予約・購入	タッチ＆ゴー
当日シルバー割引	15,200	×	×
介護帰省割引	29,500	○	○
スカイメイト	18,800	×	×
特別乗継割引	詳細	○	○
小児特別乗継割引	詳細	○	○
身体障がい者特別乗継割引	詳細	○	○
乗継割引7	詳細	○	○
乗継割引28	詳細	○	○

日本航空（JAL）の東京（羽田）ー女満別間の運賃表　出典：同社ホームページ

ートで約9万円もするのである。インターヨーロッパ（ヨーロッパ区間）は高額とは聞いていたが、さすがに手が出ず、予定どおりのコースで現地に向かったのを覚えている。フライトの2時間前に空席があっても割引運賃が使えないのはあまりにも不合理と感じたものである。

さて、前に現在の運賃は航空会社の経費削減などの努力にもよると述べたが、実際、航空会社のパイロットをはじめとする従業員の給与水準は、他産業と比べても相対的に従来より低下していて、それが今後さらに続いていくとなると、労働環境の劣化をもたらし、安全運航にも影響を及ぼす不安要素にもなる。さらに、2010（平成22）年にJALが経営破綻したこともこれに追い打ちをかけた。従業員の大量の整理解雇と給与等の引き下げは、その後大手のANAに波及し、航空界全体の労働条件の低下につながったのである。JALでは2010年以来、2017年までに198名のパイロットが給与等条件のよい会社を求めて退職したが、この数は中小の航空会社を作れる規模である。そのため会社側は、パイロットの年間飛行時間を、長年続いてきた900時間から960時間を上限とする勤務改定を行った。

現在、日本の航空界には「2030年問題」といわれるパイロットの深刻な不足が予定されている。2030年にバブル期までに採用されたパイロットが大量退職する一方、それを補充する養成が間に合わないのである。パイロット1人を機長にするには10年近くかかるのに、その手当てをしてこなかったつけが回っているのである。

一方、整備士の数もパイロット同様深刻なものがある。その結果、整備士起因の航空トラブルが2017（平成29）年まで3年続けて増加し過去最高を更新中だ。

2017年夏に国土交通省が公表した統計によると、年間約100件発生した安全上のトラブルのうち、整備士が原因の件数は2011（平成23）年度の17件から2016（平成28）年度は119件と7倍に増え、原因の中のヒューマンエラーによるトラブル発生は、2014（平成26）年から

出発前の点検を行うパイロット。ヒューマンエラーを予防するには日頃の確認作業が重要となる　写真提供：筆者

2016年の2年間に限っても63％も増加しているのである。労働条件が低下すると優秀な人材を確保するのが難しく、他社への流出も増加するので、運航の品質をどうやって確保するのかが航空界全体の課題となっている。JALが経営破綻したのには多くの要因があるが、収入の大部分を占める航空運賃が他社との競争やLCCの進出などによってイールド（実収単価）が低下したことにも起因している。

このような航空界の環境は大手だけでなく、新興航空会社やLCC各社にとっても共通で、その資本力からみてもさらに厳しいものがある。2014（平成26）年にLCCのピーチ・アビエーションで機長の病欠者や退職者が予想を上回って出た結果、448便を減便、バニラエアも同年6月に全体の2割にあたる154便を欠航したことが話題になった。それは直近の2017（平成29）年11月にも数名のパイロットの退職によって新千歳—羽田、新千歳—仙台間で計34便を運休せざるを得なくなったように、運航体制に深刻な影を落としているのである。

一般的に新規に路線を開設する場合、1日1往復では立ちいかなくなって不採算路線として撤退せざるを得ず、少なくとも1日2～3往復が最低条件とされている。そうでなければ利用者の使い勝手が悪く、鉄道やバスといった他の交通手段に流れていくと言われている。従って、激しい競争の中で、LCCなどが新規に路線を開設するにしても、それ相当の便を飛ばす運航能力が必要となる。そうした中にあって、多くの会社ではパイロットや整備士の数が足りず、減便や事業計画の下方修正を余儀なくさせられているのが実情だ。

人員不足の中で便数を確保するためには、航空機の稼働をさらに上げ、パイロットや整備士をはじめとする職員の勤務強化につながらざるを得ないのは必定である。それらが安全運航に与える影響について、航空会社は表向き「安全運航を第一に。必要なら便を止めたり減便したりする」とするが、もともとLCCなどは航空機の予備機もなく整備も全て外注といった、いわば数合わせの運航で成り立っている。そのため何かトラブルが発生しても、いつも無理せず安全サイドに立った判断ができるかどうか疑問が出されるのも当然なことである。

実際、これら中小の新興航空会社やLCCでは機長昇格訓練で不適者を機長にしようとしたり、整備で手抜きや無資格者を任に当たらせたなどの不祥事を起こし、国土交通省から厳重注意や業務改善命令を受けるケースが増えている。こうした現状を見たとき、利用者からすれば運賃は安いにこしたことはないとはいえ、航空会社の健全な発展、ひいては安全性の低下にまで影響を及ぼすような値引き合戦は果たして本当の意味で利用者のためになるのか、一度立ち止まって考える必要があるだろう。

その際、参考になるのは4章でも紹介したように、米国で起きた航空の自由化がもたらした教訓である。1970年代末から始まったカーター政権のデレギュレーション（規制緩和）は、おびただしい数の新興航空会社の参入を生み出し、運賃の値下げにも繋がったが、その後重大事故を積み重ね、多くが倒産、あるいは大手に吸収され寡占体制ができて、運賃は逆に高くなっていったこと、そして、多くの人命がその過程で失われたことを忘れてはならない。

こうしている間にも世界では、どんどん新たにLCCが立ち上げられ、それに伴って目を見張るような割引運賃が目白押しだ。日本にも関係のあるところで、シンガポール航空系のLCCスクート航空が2017（平成29）年12月に開設した関空―ホノルル線では、エコノミークラスが往復2万7,000円から3万7,600円、1月中旬から2月は片道9,700円で販売されるという事態になっている。

今日、日本も含め世界の航空界は、正に岐路に立っていると言ってよいだろう。もちろん航空会社の方でも、モデルとしているサウスウェスト航空やジェットブルーなどのビジネス面での成功を経営に活かし、健全な発展を遂げる努力を行う必要もあろう。しかし、何といっても航空経営にとって収入の大部分を占める運賃が、過当競争の激化に伴って歯止めなく低下していくことは避けなければならない。

現在、国内運賃は国土交通省の認可制から届出制になっていることは繰り返し述べたとおりである。航空会社は自由に運賃を下げることができるが、その水準が果たして適正なものかどうかを判断するのは、国ではなく我々国民自身であるということを忘れてはならないだろう。

また、2020（令和2）年には新型コロナウイルスの感染拡大により、航空各社は甚大な被害を受けている。コロナ禍の収束時期が見えないなか、各国の航空運賃にも変化の兆しが見えつつある。次章ではコロナ禍時代の国内航空業界の行方を予測するとともに、サービスに与える影響についても考察したい。

関空を拠点に、国内外に路線網を有するピーチ・アビエーション　写真提供：ピーチ・アビエーション

9章

コロナ禍の航空業界の行方

2019（令和元）年12月頃に、中国湖北省武漢を中心に流行し、2020（令和2）年には世界中に感染拡大をした新型コロナウイルス（COVID-19）。このウイルスの蔓延は人類史上に残る未曾有の事態を引き起こしているが、最も影響の大きいのは観光業界、とりわけ航空業界の経営は惨憺たる状況である。

既に多くのエアラインが廃業を余儀なくされ、今後は生き残りを賭けた会社同士の合併や統合の流れが加速するであろう。お隣りの韓国では最大手の大韓航空が、同国第2位のアシアナ航空を政府が後押しする形で吸収合併することになった。

では日本で、例えばANAとJALの合併や統合はあり得るのか？　仮にそのようなことが起きれば国内の航空業界はどのように変わってゆくのか？

2020年の秋以降、新型コロナのいわゆる第3波が押し寄せてきた頃から、この大手2社の合併統合話が巷で囁かれ始めたが、同年暮れに菅義偉首相のブレーンを務める竹中平蔵氏が『週刊ダイヤモンド』誌のインタビューに答える形で「一度経営に失敗した日本航空（JAL）は国内線に特化し、国際線はANAホールディングス（HD）１社に統合するというのが再編のあり方だ」とコメントしたことから、報道がにわかにヒートアップしてきた。

そして、コロナ禍で航空業界の合理化は進み、機内サービスもこれまでとは一変。いったいアフターコロナ時代に航空業界はどうなっているのか、その展望についても触れてみたい。

コロナ禍以降、各地の空港は閑散としている。写真は2020年3月の羽田空港第3ターミナル

JAL（日本航空）の本社が入居する野村不動産天王洲ビル（東京都品川区）。JALは1951（昭和26）年に政府主導の半官半民企業として設立された

ANAHD（事業会社：全日本空輸）の本社が入居する汐留シティセンター（東京都港区）。同社は1952（昭和27）年設立の日本ヘリコプター輸送と極東航空が前身

1 ANAHDとJALの合併・統合はあるのか？

我が国において、仮にこの大手２社が合併、あるいは統合ともなれば経営の合理化は進むであろうが、乗客の集中（市場の寡占化）によって、航空運賃が引き上げられるのではと危惧する声もある。しかし、現実にそんな事態になるのか。合併・統合の可能性とその影響について検証してみたい。

●ANAHDとJALの経営状態は大丈夫か？

ANAHDはコロナ禍が発生した2020（令和2）年4月～2021（令和3）年3月期の最終営業赤字が約4,647億円で、2021年3月期の連結決算の最終損益は過去最悪となる4,046億円の赤字と発表した。一方のJALは、2021年3月期の最終損益が2,866億円の赤字となったことを発表している。

既にANAHDは保有機を半分に削減し、職員の2020年冬のボーナスをゼロにしている。余剰人員対策としては他業種への出向等を決定し、実行に移している。JALでもボーナスの削減や社員の他業種への出向など施策はほぼANAHDと同じだ。しかし、国内線の需要は今後徐々に回復するとしても国際線復活の見通しが立たず、新型コロナウイルスの感染拡大が長引けば、国際線での赤字がこれからも経営基盤を揺るがしかねないことになろう。

IATA（国際航空運送協会）が航空需要がコロナ以前に戻るのは2024年以降と予測しているなかで、ANAHDとJALは政府系を含む金融機関からの融資や公募増資等によって当面の資金繰りの目途は立ったが、今後は何が起こるかわからない。そこで囁かれているのが、赤字がこれからも長期間継続すると予想される両社の国際線事業を統合するという案である。

●JALはJASとの合併で経営危機に

歴史と企業文化の異なる会社の合併や事業統合は、そう簡単なことではない。2004（平成16）年にJALは旧JAS（日本エアシステム）と対等合併したが、その結果はどうであったか。

当時、JALは国際線が中心であったが、ANAが国内線で利益を拡大するのをみて、当時の兼子勲社長以下、経営陣が国内線の路線網拡大のために目をつけたのが、経営難に陥っていたJASの路線だった。

その頃、JASは機材の更新に後れをとっていたことなどにより経営難にあり、東急資本が支援に乗り出すとみられていたが、そこにJALからの合併話が飛び込み、いわば渡りに舟となった。

当時の両社の経営内容からみて、JALがJASを吸収する形での合併が当然と思われていたが、蓋を開けてみると対等合併だった。JALは何としても国内線路線網を手に入れてANAに対抗し、利益を拡大したいという思惑があったので、JAS側に条件面でさまざまな譲歩をした。

その結果、運航面では国際線の経験のないJASのパイロットの教育やオペレーションの統一という課題が発生した。2008（平成20）年からパイロットは国際線に乗務するためには、英会話能力の試験でグレード

4（最高グレードは6）以上に合格しなければならないという国際ルールができた。これは世界で起きた航空事故が管制官との英語でのコミュニケーション不足によるものが多かったために導入された規則である。

JALとJASの全パイロットが試験の対象となったが、とりわけJASのパイロットは（国内線でも英語が基本だったにもかかわらず）、グレード4を取得するのに苦労する人もいて、再試験を繰り返す事態も起きた。さらにヒューマンエラー対策のためのCRM（クルー・リソース・マネジメント）のプログラムを、どちらの会社のものに統一するかが問題となった。結局、CRMはJASが行っていたものを採用して今日に至っている。

このほかにも、客室を担当するCAやグランドスタッフなどの職場でも、例えば座席番号などを呼称するA～Zまでの呼び名は、JASではパイロットと同じようにA（アルファ）、B（ブラボー）、C（チャーリー）などと呼ぶのに対し、JALではA（エイブル）、B（ベーカー）、C（チャーリー）などの呼称を使っていたが、こちらはJAS側がJAL側の呼称に合わせることとなった。

しかし、同じ会社の中にあってパイロットなどの運航部門と客室、旅客部門でアルファベットの呼称が異なっているのは問題があり、現在ではICAO（国際民間航空機関）でもPhraseology（フレイジオロジー、表現法）の統一が求められているところである。

極端な話かもしれなしが、たとえば35Hの座席の乗客が危険物を持っているとして、CAがパイロットに連絡するために35“ハウ”と呼称しても、パイロットがその意味をわからなければ業務に支障をきたすことになる。本来ならHを“ホテル”と呼称すると正しく伝わるものである。新生JALでも2つの呼称が混在し、それを一本に統一しようとする動きもないのは残念なことである。ちなみに、ANAHDではCAと地上職はKを“キング”と呼ぶ以外はパイロットと同じ呼称を使用している。

さらに、JALとJASの合併で全職員にかかわることになった問題としては、合併後にJASの部長職の人数をそのまま保証するという人事を行ったために組織の合理化を進めることができず、JASとJALそれぞれの出身者間の反目も見られるようになった。さらにJALは一部グループ会社の運航をJAS側に任せるなどかなり気を遣う形で進めたのである。

この合併によってJALはJASの持っていたローカル線を手に入れ国内線の路線網を拡充できたものの、その後リーマンショックによる経済不況に直撃された。本来小型のリージョナルジェットが飛ぶべきローカル線にもJASの中型機で老朽化したMD機（約140人乗り）を飛ばさざるを得ず、赤字はみるみる増えていったのであった。

私自身、JALのグループ会社で最後の3年はエンブラエルE170（76人乗り）というリージョナルジェットに乗務していたが、路線によっては乗客20人ほどの日も少なくなかった。そのような路線にこれまで固定費のかさむMD等の中型機が数多く使用されていたのだから、赤字になるのは当然と感じていたものだ。

このような経緯によりJALの中では経営陣の方針に異議を唱える動きが広がり、元専務の何人もが先頭に立って兼子社長に辞任を求めるという異常事態が起きていた。JALが経営破綻したのは為替予約やホテル事業での失敗もあるが、私の周りにはJASとの合併が一番大きかったと言うOBが今でも多い。

JALは国内第3の航空会社・日本システム（前・東亜国内航空）を救済的に合併する。写真は1996年のJASの時刻表　写真提供：曽我誉旨生

国内第3の航空会社だった日本エアシステム（JAS）。日本航空（JAL）との統合は、企業文化の違いから難航した部分もあった
写真提供：JA8772

●ANAHDとJALとでは企業文化が違いすぎる

では、仮に今後ANAHDとJALが合併あるいは統合ということになれば、いったいどのような問題が起こり得るであろうか。

コロナ禍により長期的に赤字が続くかもしれない国際線部門での統合ということになれば、便数や機材、人員の削減による固定費を圧縮できる効果はあるものの、運航面での安全性はどうなるのか。利用者にとってはその点が一番気になるところであろう。

現実問題としてANAHDとJALの運航面には多くの違いが存在する。機材の呼び名やCAの呼び名の略称などは大した問題ではないかもしれないが、オペレーション上の呼称やプロセデュアー（操作方法）が異なる点をどうするのだろうか。両社で異なるCRM（クルー・リソース・マネジメント）を始めとする教育体制を短期間で一本化することができるのだろうか。

それは極めて難しく、できたとしてもかなりの時間を要するであろう。新型コロナの影響に対応するための対策として合併を進めるのであれば、副作用の方が大きいと私は考えている。それらの諸問題を軽く考え、性急に合併を進めようとすると、事故や重大なトラブルが起きるリスクが高いと指摘しておきたいのである。

また、私が長年航空業界に身を置き見聞した限りでいえば、どちらかといえば、ANAHDは男性社員が主導権を持つ社風であるのに対し、JALは国際線の歴史が長いことから男女同権的な社風であるといえよう。

それは人事や客室サービスなどにも反映している。あくまで過去の話だが、ANAHDでは女性社員は30代半ばになると“肩たたき”によって退職するケースが多いといわれ、CAの平均勤続年数も7年前後であった。これに対しJALでは早くから人事面での年齢制限を撤廃し、結婚・産休後の乗務も認めてきた。そのためCAの平均勤続年数もANAHDより長かったのである。

JALがJASと合併した直後は、JASのCAは国際線の経験がないために現場のJALのCAはJASのCAに教育・指導にあたり、それは苦労の連続だったと聞いた。だがこの点に限っていえば、ANAHDとJALの間ではこの問題は発生しないであろう。両社のCAはともに国際線の経験も豊富であるからだ。

いずれにしても、両社の企業文化、社風の違いは必ず存在するであろう。航空業界でも安全やサービス面で克服しなければならない多くの課題があるのは同じである。はっきり言えることは、それらの課題を克服するにはかなりの時間を要するということである。コロナ禍で混乱が続く世情にあって、これらの問題をクリアするのは容易ならざることである。

●政府は両社に援助の手を差し伸べるのか？

世界各国の政府は、新型コロナの影響を受けている航空会社に資金援助を行ったり統合を促したりして、なんとか事業継続だけは確保しようと動いている。では、日本政府はどのように動くのだろうか。

ここからは私の政治家人脈から得た情報と、報道等で知りえた状況証拠から類推して申し上げる。2020（令和2）年8月に退陣した安倍政権は明らかにANAHDを第一に考えていた。安倍氏はJALが経営危機の折に民主党政権の主要メンバーがJAL救済に動いた経緯から「JALイコール民主党」というイメージが強かったようで、ANAびいきになっていた。安倍内閣は長年JALに委託していた政府専用機の整備をANAHDに変更してもいる。

ちなみに安倍氏のゴルフ帽子にはANAのバッジが付けられていた。安倍氏退陣のあとを受けて発足した菅義偉内閣も安倍内閣の政策を継承するといち早く宣言しており、この流れは変わらないのだろう。現在、資金的に最も困っているのはANAHDであり、政府としては万全の支援体制を整えて同社をバックアップするものと思われる。

一方、JALは2010（平成22）年の経営破綻の折に組合関係者の指名解雇（これは本来許されない行為であり現在も係争中である）を始め、大量の人員整理を断行した結果、合理化が進み、資金的にはまだ余裕があるので政府からの支援もANAHDほどの規模にはならないであろう。JALには一度税制面などで支援したので、再度資金面で支援するわけにはいかないという面もあろう。

このように考えると、今後、ANAHDとJALは赤字が続くことが確実な国際線での統合といった状況に仮に進展するとしても、それはJALとANAを対等に扱うものではなくANAHD中心、ANAHD第一という考えのもとに進められていくものと思われる。

ところが、2021年に入り菅内閣の支持率は急速に下がり、その結果菅首相は10月に退陣に追い込まれている。その後岸田内閣が発足しているが、今後先述した「ANA第一主義」が転換されることもあり得る。航空事業の再編の動きは、時の政権の思想や好みと無関係ではないことは確かなのだ。

ナショナルフラッグとして日本の空の屋台骨を支えたJAL。コロナ禍の救済措置の動向に注目が集まる
写真提供：JA8772

2 サービス内容の低下とIT化は何をもたらすのか

ANAHDとJALの合併・統合の問題だけでなく、航空業界はコロナ禍によってサービスの大きな質的転換を余儀なくされている。最後に、アフターコロナ時代の航空業界を予測してみることにする。

●LCC化する機内サービス

航空業界に限らないことだが、複数の企業が合併した際には社員のリストラが行われるのが通例である。それだけに留まらず、企業はありとあらゆる方法で経費削減を目標とする。航空業界の場合、路線の縮小、教育訓練の合理化、付帯設備のIT化、サービスの低下などが進むことが予想される。航空会社のなかには、コロナ対策に名を借りた経費削減＝サービスカットを実施できることを歓迎する向きさえ感じられる。

だが、少なくともコロナ禍が続いている間は、高度経済成長期のころのように「飛行機に乗れるだけで幸せ」と感じる人が多くなり、顧客が今まで享受してきた「至れり尽くせりの五つ星サービス」とはかけ離れた格安航空会社（LCC）並みの「最低限のサービス」であっても、不満を抱く人は少ないのかもしれない。

コロナ禍前には、客室乗務員が安全の次に重視していたのは「接遇」。いかにアプローチャブル（親しみやすい）で、乗客が気に入るサービスを提供できるかが追求されてきたのである。物品授受は丁寧に両手で、クレーム対応の際には乗客の隣に近づいてしゃがみこみ、深々と陳謝する。そしてCAの専売特許の上品な笑顔は「口角を上げて心を込めて！」と指導されていた。

ところが、コロナ禍以降状況は一変。これまでの常識を覆すようなサービス内容に変転している。物品授受の際には手袋をしてさらにトングを用いる。クレーム対応は「お客様、ソーシャルディスタンスをお守りください」と一言伝えれば、概ね解決する。CAの専売特許の笑顔も、マスクで隠された状態で口角を上げる必要もなく、目だけの作り笑いでも事足りる。「接遇」とはかけ離れたそんな業務を日々こなしていくCAのフライト生活は、さぞかし無味乾燥なものになるだろう。悲しいかな、これもコロナ禍がもたらした航空サービスの変容なのである。

●New normalが根付く

コロナで人々の生活は一変したが、エアラインも大きなターニングポイントを迎えている。予約、チケット購入、チェックイン、というプレフライトの一連の流れも全てIT化。自動チェックインシステムの導入もさらに進められ、今までのようにチェックインカウンターに多くのグランドスタッフを配置することはなくなるのだろう。さらに、AIの進出もいっそう進み、パイロットや整備士以外の様々な領域に導入されていくと思われる。

これまでLCCが行ってきたような事前オンライン注文という食事のサービスは、今後フルサービスエアラインも模倣することになる。接触を少なくするためにはオンラインを駆使することが社会的な要請とされている現状を反映した施策が打ち出されていくのだろう。その結果として、必然的にヒューマンリソースが余剰となり、人員整理が強力に推し進められていくと予想される。

空の旅を彩るCA。コロナ禍以降、航空サービスのスタイルは変容を余儀なくされている

●航空業界　果たしてアフターコロナは吉と出るか凶と出るか

本書の制作が佳境に入った2021年春。世間では新型コロナウイルスのワクチン接種のニュースで持ち切りだ。航空業界を含む世界の観光業とその従事者たちも、この「ワクチン」というゲームチェンジャーを藁にもすがる思いで見ている。

欧米、イスラエルなどから始まったワクチン接種は日本でも2021年初夏から本格的に開始された。その供給量や副反応など、様々な問題が取りざたされているが、国内のワクチン供給事情は科学的な規制のほか、官僚主義的な制約も絡み、まさに自転車操業的だった。政府や自治体からは楽観的な理想論が繰り返しアナウンスされており、3度目の接種も計画通りに進捗することなど絵に描いた餅ではないかと思われる。果たしてコロナ収束はシナリオ通りにいくのだろうか。

某エアラインのトップは、コロナのつけを取り戻し黒字決算まで回復するには、4～5年の年月を必要とされると予測している。つまり、どれだけコロナの悪影響を受けて、どれだけ経営体力を失ったか、観光関連業の中でも最も甚大な被害を受けたのいは他でもなく、「エアライン」

柔和な笑みをたたえる客室乗務員。いつの日か、スマイルの機内サービスが戻ってくることを願わずにはいられない（コロナ禍前に撮影）　写真提供：ピーチ・アビエーション

コロナ禍で経営体力を失った航空各社がどのように事態を打開し、巻き返しを進めるか注目が集まる。航空会社の経営環境の変化が運賃に与える影響も少なからずあるものと思われるが、動向を注視したい

だという現実を直視する必要があるのだろう。

公共交通機関の一翼を成す航空業界は、自社の利益を度外視してでもコロナ対策を徹底する社会的な責務がある。そのため、ワクチン接種による世界的な集団免疫の獲得が達せられない限り、旅行需要の回復は見込めず、航空業界の再浮上を見込むこともできない。だが、感染状況が落ち着くとともに社会の混乱が沈静化すれば、オセロ返しのようにリカバリーできる可能性は十分あると思う。

ドイツの哲学者マルクス・ガブリエル博士（1980－）は、アフターコロナ時代は「New enlightenment（新しい啓蒙）」の時代と説いている。病から立ち直るために最も重要なことは、世の中の理不尽さに勝るものは国家権力ではなく国民の自主的な「倫理と文化」で立ち向かうことであるという。筆者も同感である。

東京五輪組織委員会の会長を勤めていた森喜朗氏の問題発言や、その後任の会長選出の動きを見るにつけ、この国に倫理と文化がどこまで根付いているのか、不安にならないこともない。だが、曲がりなりにも民主主義国家として歩んできた日本。今後の行く末も国民一人一人の自覚に委ねられているのは間違いないだろう。

どのようにコロナ禍の混乱が沈静化し、社会が落ち着きを取り戻していくのか。現状を見る限り予測は困難である。だが、航空業界はいつか必ずや復活すると信じている。そして、トンネルを抜け出た先に、「お客様を快適に目的地にお届けする」という責務を担う、誇り高きエアラインスタッフの出番がもう一度やってくることを願わずにはいられない。

利用者の夢を運ぶ航空産業。一日も早い需要回復が待ち望まれる　写真提供：シンガポール航空

誇り高きスタッフに支えられてきた航空業界。コロナ禍の克服後にはどのようなサービスが提供されるようになるのだろうか　写真提供：シンガポール航空

あとがきにかえて

半世紀の航空人生を回想して

あとがきにかえて

私がパイロットの訓練を終えて国際線に飛び出したのは1971（昭和46）年。憧れのニューヨークにもステイする機会が増えた。宿泊先は由緒あるホテル「レキシントン」、そのホテル前からは当時アメリカの象徴であった高層のパンナムビルの威風堂々とした勇姿を見ることができた。

しかし、それから20年を経た1991（平成3）年にパンアメリカン（パンナム）航空は倒産するに至り、以後、航空界から姿を消してしまった。1927（昭和2）年に設立され、国際線エアラインの代名詞にもなっていたパンナムが影も形もなくなったのである。誰もが予想できなかったことである。

わが国でも、かつては不沈空母と言われた日本航空（JAL）が2010（平成22）年に経営破綻しているが、その理由の一つとして燃費の悪い大型機による採算性の悪化があった。そのため、新生JALではいち早くジャンボジェットことボーイング747の運航が取りやめられた。世界のパイロットでジャンボジェットに最も多く乗務したことでボーイング社から記念品を頂いた私は、その報を受け何とも言えない悔しさがこみあげ

客室を巡回する筆者（1993年。乗客が撮影）

同僚とともに乗務前の点呼を行う現役パイロット時代の筆者　写真提供：筆者

てきたものであった。

パンナム倒産とJALのジャンボジェット運航停止、いずれの件も私にとってはショッキングな出来事だが、今から振り返ると共に航空運賃の推移とも大いに関係があったと思っている。第1章でも述べたが1970年代の国際線航空運賃は高額で、一般サラリーマンは年単位でお金を貯めなければ海外旅行は不可能であった。しかしその後、機材がジャンボジェット等による大型化に伴なう大量輸送時代が始まり、団体運賃や各種安売り運賃が登場してイールド（実収単価）が低下した。特に長距離国際線を運航する航空会社はオイルショックによる燃料費高騰の影響を受け、採算性が悪くなっていった。

一方、米国では1980年代から90年代後半にかけて多くの新興航空会社が生まれては倒産したりして、一部は大手の傘下に吸収され寡占化が進み、国内運賃は上がり、以降高止まりして収益性が高くなっていった。その結果、航空界は「国際線は赤字、国内線は黒字」という構図がはっきりしてきたのである。

それは日本でもよく似ていて、ANAが国内線で高収益をあげるのを見てJALは国内線の路線網拡大のためにJASと合併する。しかし、リーマンショックもあって中型機でのローカル線運航が収益性を悪化させ経営破綻につながったのである。ここまでが、私が約半世紀の空での現役人生で経験したことであった。

だがしかし、この本の執筆にあたっていた2020～21（令和2～3）年に新型コロナウイルスの流行で航空業界はまた新たな試練に直面している。すでに述べたように航空会社の合併・統合をはじめありとあらゆる合理化が推し進められていくことは間違いない。すでに多くの大手航空会社が、保有するボーイング747などの大型機の運航を再開させることなく、処分することを決定しているように、今後は更なる機材の中小型機への依存が高まっていくことだろう。そこで気になることの一つに航空運賃の行方がある。コロナ禍にあって航空会社の再編が進み、大手の寡占体制が強まった場合、かつて米国で経験した運賃の値上げが再び起きるのではないかと予測する人も多い。

しかし、この点について私はそうはならないであろうと考えている。今日のIT化された社会において航空会社はAIの駆使やオンライン化による合理化ができるうえに、利用者もITでの航空券購入が一般的になっていることから、目的に応じた多種多様な運賃の設定が今後も続けられるはずであるからだ。加えて、これまで運賃に加算され、時に実質運賃を高くして来た燃油サーチャージも、原油価格の構造的な低迷の中でかつてのように高額なものに戻るとは考えにくい。

一方で高イールドの代表格のファーストクラスの運賃は今後も高止まりが続くと予想される。その理由は、格差社会が進む中で、一部富裕層の需要は衰えることなく、全ての分野で2極化はこれからも進んでいくことが予想されるからだ。高級旅館やホテル、高級レストランの経営は堅調であり、リゾートを目的とした超豪華列車は抽選で乗車券を手に入れることさえなかなか難しい状態が続いている。このように見てくれば、

現役パイロット時代の筆者。コックピットで撮影　写真提供：筆者

パイロット出身の航空評論家として活躍する杉江氏。その冷静な分析には定評がある　写真提供：筆者

欧米各地と日本を結ぶ航空便で200万円以上もするファーストクラスの運賃も健在であり続けるだろう。

2021（令和3）年1月19日、米運輸省は昨年第3－4半期の平均航空運賃が1995（平成7）年に調査を始めて以来最低となり、この期間の平均運賃は245ドルで前年同期から30%低下、第2－4半期の262ドルからは7%低下したと発表した。これはコロナ禍でビジネス客を中心に航空需要が激減したためだが、一時的な現象とみるべきであろう。私は、航空運賃は基本的には現状を大きく変えることなく各種割引やネット予約等による低運賃化と高額なファーストクラス運賃の2極化の構図が維持されていくものと予想しているのである。

最後になるが、この本の執筆にあたり貴重な自身の使用航空券などの資料の公表を頂いた、慶應義塾大学三田会の先輩にあたる後藤宗隆、宮地元の両氏、それに編集協力頂いた同大学OBの富山亜男氏に感謝の意を表したい。

2021年10月　杉江弘

主要参考文献

『季刊 おおぞら』（日本航空株式会社広報室）
『改訂国際航空運賃の仕組みと計算』西村修一 著（トラベルジャーナル、1986年）
『航空運賃のカラクリ』杉浦一機 著（中央書院、2006年）
『空港・航空券の謎と不思議』谷川一巳 著（東京堂出版、2008年）
『日本航空一期生』中丸美繪 著（白水社、2015年）
『エアラインの選び方』（イカロス出版、2019年）
『月刊エアライン』各号（イカロス出版）

【著者紹介】
杉江　弘（すぎえ・ひろし）

元日本航空（JAL）機長、航空評論家、鉄道写真家、日本エッセイスト・クラブ会員。愛知県豊橋市生まれ。慶應義塾大学法学部政治学科卒業後、日本航空入社。ボーイング747の飛行時間は約1万4,000時間を記録し、世界で最も多く乗務したパイロットとしてボーイング社より表彰を受ける。
主な著書に『機長の告白　生還へのマニュアル』『機長の「失敗学」』『マレーシア航空機はなぜ消えた』（すべて講談社）、『機長が語るヒューマン・エラーの真実』（SB出版）、『747ジャンボ物語』（JTB出版）、『飛行機ダイヤのしくみ』（成山堂）など多数。近著に『乗ってはいけない航空会社』（双葉社）。2016年公開の映画『ハドソン川の奇跡』（トム・ハンクス主演）の劇場用パンフレットでは、奇跡の生還を果たした判断や技術を解説している。鉄道図書の近著は『蒸気機関車よ永遠に』（イカロス出版）がある。

資料提供：後藤宗隆・宮地 元
編集協力：富山亜男

装丁：山添創平
DTP：山本真比庫（山本図案工房）

航空運賃の歴史と現況
2021年12月10日　初版初刷発行

著者　杉江　弘
発行者　伊藤光祥
発行所　戎光祥出版株式会社
東京都千代田区麹町1-7
相互半蔵門ビル8階
電話　03-5275-3361(代)
FAX　03-5275-3365
印刷・製本　モリモト印刷株式会社

https://www.ebisukosyo.co.jp
info@ebisukosyo.co.jp

ISBN978-4-86403-388-6